ìItaliýa Däli 2023

ìSaryýançlyk we Gözelleşdirme Üçin Işläp Çykyşlar

Lina Rossi

mazmuny

Ysmanak we kartoşka bilen gnokçi 7

Pomidor we zeýtun sousy bilen deňiz önümleri gnokçi 11

Gülgüne sousda ýaşyl gnokçi 15

Gnocchi irmik bilen 18

Abruzzese çörek toplary 20

Rikotta bilen doldurylan krepler 24

Kömelekli "Abruzzese crepe timbales" 27

Et sousy bilen Tuscan artisanal spagetti 31

Sarymsak we çörek bölekleri bilen pici 34

irmikli makaron hamyry 36

Cavatelli Ragù bilen 38

Kawatelli skid we safran bilen 40

Arugula we pomidor bilen Cavatelli 43

Doňuz eti bilen "Orecchiette" 45

Brokoli Rabe bilen "Orecchiette" 47

Kelem we pomidor bilen orecchiette 50

Kolbasa we kelem bilen "Orecchiette" 52

Gylyç balygy bilen "Orecchiette" 54

ak risotto 63

Milano görnüşindäki safran risotto 66

asparagus bilen risotto 69

Gyzyl burç bilen Risotto 72

Pomidor we arugula bilen Risotto 75

Gyzyl çakyr we radikio bilen Risotto 78

Risotto kremli karam bilen 81

limon risotto 84

ysmanak risotto 87

altyn kädi bilen risotto 90

Wenesiýa nohut risotto 93

Bahar risotto 95

Pomidor we şrift bilen Risotto 98

Karides we selderýa risotto 101

Risotto "deňziň miweleri" bilen 106

Guzyny kartoşka, sarymsak we bibariya bilen gowurmaly 109

Limon, otlar we sarymsak bilen guzynyň aýagy 111

Gaýnadylan guzy bilen doldurylan kädi 113

Ak şerap we otlar bilen towşan 115

Zeýtun bilen towşan 118

Towşan, Porçetta stili 120

Pomidor bilen towşan 123

Süýji we turşy bişirilen towşan 125

Towşan kartoşka bilen gowurmaly 128

marinirlenen artikoklar 130

Rim artikoklary 132

gaýnadylan artikoklar 134

Artişok, ýewreý stili 136

Rumyniýanyň bahar gök önümleri 138

Ysgynsyz artikok ýürekler 140

Doldurylan artikoklar 142

Sisiliýa stilinde doldurylan artokoklar 144

Asparagus "gazanda" 147

Oilag we sirke bilen asparagus 148

Limon ýagy bilen asparagus 150

Dürli souslar bilen asparagus 152

Kepir we ýumurtga geýmek bilen asparagus 154

Parmesan we ýag bilen asparagus 156

Asparagus we prosciutto örtükleri 158

gowrulan asparagus 160

Zabagliondaky asparagus 161

Talegjio we sosna hozy bilen asparagus 163

asparagus timbale 165

Styleurt stilindäki noýba 167

Tuskan noýbasy 169

noýba salady 172

Fasulye we kelem 174

Pomidor we adaty sousdaky noýba 176

nohut gülegi 178

Ajy gök önümler bilen noýba 180

Täze noýba, rim stili 182

Täze noýba, Umbrian stili 184

Oilag we limon bilen brokkoli 186

Brokkoli, Parma stili 188

Sarymsak we gyzgyn burç bilen brokkoli rabe 190

Brokkoli 192

Brokkoli Rabe çörek dişleri 194

Doňuz we pomidor bilen brokkoli rabe 196

Ownuk gök önüm tortlary 198

gowrulan karam 200

Kelem püresi 203

gowrulan karam 205

gark bolan karam 206

Petruşka we sogan bilen karam 208

Ysmanak we kartoşka bilen gnokçi

Gnokçi kartoşka we ysmanak bilen

6 nahar taýýarlaýar

Italiýada köplenç ýasalmasa-da, käwagt gnokçä stew ýa-da stew bilen hyzmat etmegi halaýaryn. Sousy gaty gowy siňdirýärler we kartoşka püresi ýa-da polentadan gowy üýtgeşiklik. Bu gnokçi (sous ýa-da peýnir ýok) gapdal nahary hökmünde synap görüň<u>Rim oktaly stewORA-DAFriuli sygyr eti</u>.

1 1/2 kilogram bişirilen kartoşka

1 halta (10 unsiýa) ysmanak, dogralan

Duz

2 stakan ähli maksatly un, gnokçini emele getirmek üçin has köp

1 sany uly ýumurtga

    1-2 käse<u>Sarymsak we sage sousy</u>

1 käse grated Parmigiano-Reggiano

1.Kartoşkany ýapmak üçin uly gazana sowuk suwda goýuň. Gazanyň gapagyny ýapyň we gaýnadyň. Pyçak bilen deşilende kartoşka ýumşak bolýança 20 minut töweregi bişirmeli.

eremek.Ysmanagy tagam üçin 1-2 stakan suw we duz bilen uly gazana salyň. Ysmanak ýumşaýança ýapyň we bişiriň, takmynan 2-3 minut. Ysmanagy süzüň we sowadyň. Ysmanagy bir polotensanyň üstünde goýuň we suwuklygy gysyň. Ysmanagy gaty inçe kesiň.

3.Kartoşka henizem ýyly bolsa, gabygyny we böleklere bölüň. Iýmitde ýa-da un degirmeninde ýa-da eli bilen kartoşka ýuwujy bilen kartoşkany ýuwuň. Ysmanak, ýumurtga we 2 çaý çemçesi duz goşuň. Birleşýänçä 11/2 stakan un goşuň. Hamyr gaty bolar.

Dört.Kartoşkany unuň üstüne çalyň. Gysga dyzlaň, ýumşak hamyr ýasamak üçin galan unuň köpüsini goşuň, gnokçi bişirilende şekilini saklar ýaly, ýöne agyr bolmaz ýaly. Hamyr birneme ýelmeşmeli. Şübhesiz, gaýnaga azajyk gazana suw getiriň we synag hökmünde bir bölek hamyr goşuň. Gnokko ýokarsyna çykýança bişiriň. Hamyr gowşap başlasa, has köp un goşuň. Otherwiseogsam hamyr gowy.

5. Hamyry bir salym goýuň. Galan hamyry aýyrmak üçin tagtany gyryň. Elleriňizi ýuwuň we guradyň, soňra un bilen tozan. Bir ýa-da iki sany uly tarelka çyzyp, una sepiň.

6. Hamyry 8 bölege bölüň. Galan hamyry ýapyp, bir bölegi galyňlygy 3-4 dýuým bolan uzyn ýüpe öwrüň. Arkan 1-2 dýuým çeňňeklere kesiň.

7. Hamyry şekillendirmek üçin, gapdallary aşak görkezip, bir eliňizde vilka tutuň. Beýleki eliň başam barmagy bilen, hamyryň her bölegini dişleriň arka tarapyna aýlaň, bir tarapynda çukur, beýleki tarapynda çukur ýasamak üçin ýeňil basyň. Gnokçini taýýarlanan gaplara ýerleşdiriň. Bölekler degmeli däldir. Galan hamyr bilen gaýtalaň.

8. Gnokçini bişirmäge taýýar bolýança sowadyň. .

9. Sousy taýýarlaň. Gnokçi bişirmek üçin, gaýnag suw üçin uly gazana suw getiriň. Tagamyna duz goşuň. Suw ýumşak gaýnap biler ýaly ýylylygy azaldyň. Gnokçiniň ýarysyny suwda goýuň. Gnokçi ýokarsyna çykandan soň takmynan 30 sekunt bişirmeli. Gnokçini gazandan çemçe bilen çykaryň we bölekleri gowy süzüň.

10. Warmyladylan tekiz hyzmat ediş naharyny taýýarlaň. Gazana inçejik gyzgyn sous guýuň. Gnokçi goşuň we ýuwaşja zyňyň. Galan gnokçini şol bir görnüşde bişiriň. Has köp sous guýuň we peýnir sepiň. Gyzgyn berilýär.

Pomidor we zeýtun sousy bilen deňiz önümleri gnokçi

Zeýtun sousy bilen balyk gnokçi

6 nahar taýýarlaýar

Sisiliýada kartoşka gnokçi käwagt ýeke ýa-da beýleki näzik balyklar bilen tagamlanýar. Olara azajyk ysly pomidor sousy bilen hyzmat edýärin, ýöne ýag we ösümlik sousy hem ýakymly bolar. Bu makaronda peýnir zerurlygy ýok.

1 kilo bişirilen kartoşka

1 1/4 käse zeýtun ýagy

1 ownuk sogan, inçe kesilen

1 sarymsak

2 dýuým böleklere bölünen ýeke ýa-da beýleki näzik ak balygyň 12 unsi

1 1/2 stakan gury ak şerap

Duz we täze ýer gara burç

1 sany uly ýumurtga

2 stakan maksatly un

Dip

1 1/4 käse zeýtun ýagy

1 dogralan bahar sogan

2 sany ansi filesi

1 nahar çemçesi gara zeýtun pastasy

2 stakan täze pomidor gabykly, tohumly we dogralan ýa-da konserwirlenen import edilen italýan pomidorlary, guradylan we dogralan

2 nahar çemçesi dogralan täze petruşka

Duz we täze ýer gara burç

1. Gaplamak üçin kartoşkany sowuk suwda goýuň. Gaýnap getiriň we pyçak bilen deşilençä ýumşak boluň. Suw guýuň we sowadyň.

eremek. Orta ölçegdäki gazanda, sogan we sarymsagy zeýtun ýagynda 5 minut orta otda, sogan ýumşaýança dogramaly.

Balygy goşuň we 1 minut bişirmeli. Tagamyna şerap, duz we burç goşuň. Balyk ýumşak bolýança we suwuklygyň köp bölegi buglanýança bişiriň, takmynan 5 minut. Sowuklamaga rugsat beriň, soňra gazanyň içindäki zatlary iýmit prosessoryna ýa-da blenderine siňdiriň. Smoothumşak bolýança arassa.

3. Uly küýzeleri alýumin folga ýa-da ýapyşýan film bilen ýapyň. Kartoşkany iýmit prosessorynyň üsti bilen ýa-da has uly tabaga goýuň. Balyk püresi we ýumurtga goşuň. Biraz ýelmeýän hamyr ýasamak üçin ýuwaş-ýuwaşdan un we duz goşuň. Birmeňzeş we gowy birleşýänçä gysga dyzlaň.

Dört. Hamyry 6 bölege bölüň. Galan hamyry ýapyp, bir bölegi galyňlygy 3-4 dýuým bolan uzyn ýüpe öwrüň. Arkan 1-2 dýuým uzyn böleklere bölüň.

5. Hamyry şekillendirmek üçin, gapdallary aşak görkezip, bir eliňizde vilka tutuň. Beýleki eliň başam barmagy bilen, hamyryň her bölegini dişleriň arka tarapyna aýlaň, bir tarapynda çukur, beýleki tarapynda çukur ýasamak üçin ýeňil basyň. Gnokçini taýýarlanan gaplara ýerleşdiriň. Bölekler degmeli däldir. Galan hamyr bilen gaýtalaň.

6. Gnokçini bişirmäge taýýar bolýança sowadyň. .

7. Sous üçin ýagy bahar sogan bilen uly gazanda birleşdiriň. Ansi filetlerini goşuň we ansi eränçä 2 minut töweregi bişirmeli. Zeýtun pastasy, pomidor we petruşka goşuň. Duz we burç goşuň we pomidor şiresi biraz galyňlaşýança 8-10 minut bişirmeli. Sousuň ýarysyny hyzmat etmek üçin uly, ýyly gaba atyň.

8. Gnokçi taýýarlaň: Bir gaýna suw guýuň. Tagamyna duz goşuň. Suw ýumşak gaýnap biler ýaly ýylylygy azaldyň. Gnokçiniň ýarysyny suwda goýuň. Gnokçi ýokarsyna çykandan soň takmynan 30 sekunt bişirmeli. Gnokçini gazandan çemçe bilen çykaryň we bölekleri gowy süzüň. Gnokçini bir tabakda tertipläň. Galan gnokçini şol bir görnüşde bişiriň. Galan sousy goşuň we ýuwaşja zyňyň. Derrew hyzmat et.

Gülgüne sousda ýaşyl gnokçi

Rossa Sousunda Gnocchi Verdi

6 nahar taýýarlaýar

Bu köfteleri ilki Rimde iýdim, ýöne Emiliýa-Romagna we Toskana has mahsus. Olar kartoşka gnokçisinden has ýeňil we ownuk gök önümler olara ýerüsti gurluş berýär, şonuň üçin köfte çeňňegi bilen şekillendirmeli däl. Üýtgetmek üçin, sepmäge synanyşyň<u>Sarymsak we sage sousy</u>.

3 käse<u>Gülgüne sous</u>

1 kilogram ysmanak, baldagy aýrylýar

1 funt Şweýsariýa çard, aýyrylýar

1 1/4 käse suw

Duz

2 nahar çemçesi duzlanmadyk ýag

1 1/4 käse inçe dogralan sogan

1 kilogram doly ýa-da bölekleýin skimirlenen ricotta

2 sany uly ýumurtga

1 1/2 käse grated Parmigiano-Reggiano

1 1/4 çaý çemçesi ýer hozy

täze ýer gara burç

1 1/2 dl ähli maksatly un

1.Sousy taýýarlaň. Soňra iki gök önümi, suwy we duzy uly gazanda birleşdiriň. 5 minut bişirmeli ýa-da ýumşak we kömelekli bolýança bişirmeli. Suw guýuň we sowadyň. Gök önümleri polotensa salyp, suwuklygy çykarmak üçin basyň. Gowy kes.

eremek. Orta ölçegdäki gazanda, ýagy orta otda erediň. Sogan goşup, 10 minut töweregi gyzarýança wagtal-wagtal garmaly.

3.Uly tabakda ricotta, ýumurtga, 1 stakan Parmigiano-Reggiano, hoz, tagam üçin duz we burç bilen bulamaly. Sogan we dogralan gök önümleri goşup, gowy garmaly. Gowy birleşýänçä uny garmaly. Hamyr ýumşak bolar.

Dört.Çörek kagyzy ýa-da mum kagyzy bilen çyzykly çörek. Elleriňizi sowuk suw bilen nemläň. Bir çemçe hamyr atyň. 3/4 dýuým topa ýuwaşlyk bilen emele getiriň. Topy çörek bişirilýän ýere goýuň. Galan hamyr bilen gaýtalaň. Plastmassa örtük bilen örtüň we bişirmäge taýýar bolýançaňyz sowadyň.

5. Iň azyndan 4 litr suw gaýnadyň. Tagamyna duz goşuň. Heatylyny biraz azaldyň. Gnokçiniň ýarysyny bir gezekde goşuň. Surfaceer ýüzüne çykanda, ýene 30 sekunt gaýnadyň.

6. Gyzgyn sousuň ýarysyny ýyly hyzmat edýän tabaga guýuň. Gnokçini çemçe bilen aýyryň we gowy suwlaň. Çeşmä goşuň. Galan gnokçileri şol bir görnüşde bişireniňizde ýapyň we ýyly saklaň. Sousyň we peýniriň galan bölegini guýuň. Warmyly hyzmat et.

Gnocchi irmik bilen

Gnocchi alla Romana

4-6 nahar iýýär

Gumy suwuklyk bilen doly bişiriň. Içmedik bolsa, bişirilende görnüşini saklamagyň ýerine batareýa ereýär. Itöne şeýle etse-de, ajaýyp tagamly bolar.

2 käse süýt

2 käse suw

1 käse inçe irmik

2 çaý çemçesi duz

4 nahar çemçesi duzlanmadyk ýag

eremekCup3 käse grated Parmigiano-Reggiano

2 ýumurtga sarysy

1. Orta gazanda, gaýnaýança süýt we 1 stakan suw orta otda gyzdyryň. Galan 1 käse suw bilen gumy garmaly. Garyndyny suwuklyga guýuň. Duz goşuň. Garyndy gaýnýança, yzygiderli

garmaly. Heatylylygy peseldiň we 20 minutlap ýa-da garyndy gaty galyň bolýança gowy garmaly.

eremek. Gazany otdan çykaryň. 2 nahar çemçesi ýag we peýniriň ýarysyny goşuň. Sarysyny çalt uruň.

3. Çörek çöregini ýeňil çyglaň. Tabaga çäge guýuň we demir spatula bilen 1-2 dýuým galyňlyga ýaýlaň. Salkyn bolsun, soň bir sagat ýa-da 48 sagada çenli sowadyň.

Dört. Peçiň ortasyna raf goýuň. Peçini 400 ° F çenli gyzdyryň, 13 × 9 × 2 dýuým çörek bişiriň.

5. 1 1/2 dýuým gutapjyk ýa-da gutap kesiji sowuk suwa batyryň. Ermumurtgany dilimläň we bölekleriini birneme gabat gelýän taýýar çörek bişirilýän ýerde goýuň.

6. Galan 2 nahar çemçesi ýagy ownuk gazanda eredip, gnokçiniň üstüne guýuň. Galan peýniri sepiň. 20-30 minut bişirmeli ýa-da altyn goňur we köpürjik bolýança bişirmeli. Hyzmat etmezden 5 minut sowadyň.

Abruzzese çörek toplary

Polpette di Pane al Sugo

6-dan 8-e çenli nahar taýýarlaýar

Abruzzodaky "Orlandi Contucci Ponno" çakyr önümçiligine baryp görenimde, Trebbiano d'Abruzzo aklary we Montepulciano d'Abruzzo gyzyllary we dürli garyndylary öz içine alýan ajaýyp çakyrlaryny dadyp gördüm. Bular ýaly gowy çakyrlar gowy nahara mynasyp we günortanlyk naharymyz göwnüňizden turmady, esasanam pomidor sousunda gaýnadylan ýumurtga, peýnir we çörek. Öň synap görmedimem, azajyk gözlegler maňa bu "etsiz köfte" Italiýanyň Kalabria we Bazilika ýaly beýleki sebitlerinde-de meşhurdygyny görkezdi.

Zirzeminiň aşpezi maňa çörek gabygyny mollika çöregi bilen, çöregiň içini gabyksyz ýasandygyny aýtdy. Olary çörek bilen ýasaýaryn. Bu ýerde satyn alýan italýan çöregim, Italiýadaky çörek ýaly berk däldigi sebäpli, gabyk kömeklere goşmaça gurluş berýär.

Olary wagtyndan öň ýasamagy meýilleşdirýän bolsaňyz, köfte we sousy wagtlaýynça tä aýratyn saklaň, şonuň üçin köfte gaty sousy siňdirmez.

1 dýuým böleklere bölünen 1 unsiýaly italýan ýa-da fransuz çöregi (takmynan 8 käse)

2 käse sowuk suw

3 sany uly ýumurtga

1Cup2 käse grated Pecorino Romano, hyzmat etmek üçin has köp

11/4 käse dogralan täze petruşka

1 sarymsak, inçe kesilen

gowurmak üçin ösümlik ýagy

Dip

1 orta sogan, inçe kesilen

11/2 stakan zeýtun ýagy

2 banka (28 unsiýa) gabykly italýan pomidorlaryny suw bilen dogramaly

1 ownuk guradylan peoncino, dogralan ýa-da bir çümmük ýer gyzyl burç

Duz

6 sany täze reyhan ýapragy

1. Çöregi ownuk böleklere bölüň ýa-da çörek döwülýänçä iýmit prosessorynda üwäň. Çöregi 20 minut suwa batyryň. Artykmaç suwy aýyrmak üçin çöregi basyň.

eremek. Uly tabakda ýumurtga, peýnir, petruşka we sarymsagy dadyp görmek üçin bir çümmük duz we burç bilen uruň. Çörek böleklerini goşuň we gaty gowy garmaly. Garyndy gury ýaly görünse, başga ýumurtga goşuň. Gowy garmaly. Garyndyny golf top ölçegli toplara emele getiriň.

3. Uly, agyr skeletde 1-2 dýuým çuňluga ýetmek üçin ýeterlik ýag guýuň. Çörek garyndysynyň bir damjasy ýagyň içine düşýänçä, orta otda gyzdyryň.

Dört. Çorbany tabaga goşuň we hemme tarapa gyzarýança, 10 minut töweregi ýumşak öwrüň. Toplary kagyz polotensalaryna akdyryň.

5. Sousy ýasamak üçin, uly gazanda, soganlygy zeýtun ýagynda ýumşak bolýança orta otda bişirmeli. Tagamyna pomidor, peboncino we duz goşuň. Pes otda 15 minut bişirmeli ýa-da birneme galyň bolýança bişirmeli.

6. Çörek toplaryny goşuň we sous bilen sürtüň. Pes otda ýene 15 minut bişirmeli. Bazil bilen sepiň. Goşmaça peýnir bilen hyzmat ediň.

Rikotta bilen doldurylan krepler

Manikotti

6-dan 8-e çenli nahar taýýarlaýar

Aşpezleriň köpüsi manikotti ýasamak üçin makaron turbalaryny ulanýandyklaryna garamazdan, bu ejemiň neýapolitan maşgalasynyň krep bilen taýýarlanan reseptidir. Taýýar manikotlar makarondan ýasalanlardan has ýeňil we käbir aşpezler manikotlary kreplerden ýasamagy aňsatlaşdyrýarlar.

   3 käse[Neapolitan ragout](#)

Krepler

1 käse ähli maksatly un

1 käse suw

3 ýumurtga

¹1/2 çaý çemçesi duz

Ösümlik ýagy

Doldurmak

2 kilogram doly ýa-da bölekleýin skimirlenen ricotta

4 unsiýa täze mozarella, dogralan ýa-da kesilen

1Cup2 käse grated Parmigiano-Reggiano

1 uly ýumurtga

2 nahar çemçesi dogralan täze petruşka

dadyp görmek üçin täze ýer gara burç

Duz pyçagynyň ujy

1Cup2 käse grated Parmigiano-Reggiano

1. Çekiş taýynlaň. Soňra, krep goşundylaryny tekiz bolýança uly gaba garmaly. 30 minut ýa-da ondanam köp wagtlap ýapyň we sowadyň.

eremek. 6 dýuým çeňňek däl skelet ýa-da omlet panasyny orta otda gyzdyryň. Gazany ýeňil ýaglaň. Gazany bir eliňizde saklaň we takmynan guýuň. 1 cup3 käse krep batyr. Gazany derrew ýokaryk galdyryň we aşagyny inçejik hamyr bilen doly ýapar ýaly edip öwüriň. Artykmaç hamyry döküň. Bir minut bişiriň ýa-da krepiň gyrasy goňur bolup, gazandan ýokaryk çykýança bişiriň. Krepkany süpürip, beýleki tarapyny aç-açan goňurlamak üçin barmaklaryňyzy ulanyň. Anotherene 30 sekunt bişirmeli ýa-da gyzarýança bişirmeli.

3.Bişirilen krepkany bir tabaga süýşüriň. Galan batyrdan krep ýasap, biri-biriniň üstünde goýuň.

Dört. Doldurmak üçin, ähli maddalary birleşýänçä uly gaba garmaly.

5.13 × 9 × 2 dýuým çörek bişirilýän tabakda inçe sous gatlagyny ýaýlaň. Krepleri doldurmak üçin takmynan guýuň. Krepiň bir gapdalynda uzynlygyna 1-2 stakan doldurmak. Krepini silindr bilen togalap, çörek bişirilýän ýere goýuň. Galan krepleri doldurmagy we togalamagy dowam etdiriň. Bir çemçe bilen goşmaça sous goşuň. Peýnir sepiň.

6.Peçiň ortasyna raf goýuň. Peçini 350 ° F çenli gyzdyryň. 30-55 minut bişirmeli ýa-da sous köpelýänçä we manikotti gyzdyrylýança bişirmeli. Gyzgyn berilýär.

Kömelekli "Abruzzese crepe timbales"

Timballo di Scrippelle

8 nahar taýýarlaýar

Garry enesi Abruzzo sebitindäki Teramo şäherinden gelen bir dosty, enesiniň dynç alyş üçin taýýarlaýan lezzetli kömelek we peýnir krepkasy ýadyna düşdi. Ine, şol tagamyň "Slow Food Editore Ricette di Osteria d'Italia" kitabyndan uýgunlaşdyran görnüşim. Kitaba görä, krep 17-nji asyrda fransuz aşpezleriniň sebite hödürlän ajaýyp krep tagamlaryndan gelip çykypdyr.

    2 1/2 käse Tuskan pomidor sousy

Krepler

5 sany uly ýumurtga

1 1/2 dl suw

1 çaý çemçesi duz

1 1/2 dl ähli maksatly un

gowurmak üçin ösümlik ýagy

Doldurmak

1 käse guradylan kömelek

1 stakan ýyly suw

1 1/4 käse zeýtun ýagy

1 kilogram täze ak kömelek, ýuwulan we galyň dilimlenen

1 sarymsak, inçe kesilen

2 nahar çemçesi täze tekiz ýaprakly petruşka

Duz we täze ýer gara burç

12 unsiýa täze mozarella, kesilen we 1 dýuým böleklere bölünen

1 käse grated Parmigiano-Reggiano

1. Pomidor sousyny taýýarlaň. Uly tabakda krep maddalaryny tekiz bolýança garmaly. 30 minut ýa-da ondanam köp wagtlap ýapyň we sowadyň.

eremek. 6 dýuým çeňňek däl skelet ýa-da omlet panasyny orta otda gyzdyryň. Gazany ýeňil ýaglaň. Gazany bir eliňizde saklaň we takmynan guýuň. 1 cup3 käse krep batyr. Gazany derrew ýokaryk galdyryň we aşagyny inçejik hamyr bilen doly ýapar ýaly edip öwüriň. Artykmaç hamyry döküň. 1 minut bişirmeli ýa-da krepiň gyrasy goňur bolup, gazandan ýokaryk çykýança bişirmeli. Krepkany süpürip, beýleki tarapyny aç-açan goňurlamak üçin barmaklaryňyzy ulanyň. Anotherene 30 sekunt bişirmeli ýa-da gyzarýança bişirmeli.

3. Bişirilen krepkany bir tabaga süýşüriň. Bir-biriniň üstünde goýup, galan batyr bilen krep ýasamagy gaýtalaň.

Dört. Doldurmak üçin, guradylan kömelekleri 30 minut suwa batyryň. Kömelekleri aýyryň we suwuklygy ätiýaçda saklaň. Gumlary aýyrmak üçin kömelekleri sowuk suwuň aşagynda ýuwuň, hapa ýygnanýan baldaklaryň ujuna aýratyn üns beriň. Kömelekleri uly böleklere bölüň. Kömelek suwuklygyny kagyz kofe süzgüçiniň üsti bilen bir tabaga süzüň.

5. Oilagy uly gazanda gyzdyryň. Kömelek goşuň. Kömelek gyzarýança, 10 minut bişirmeli. Tagamyna sarymsak, petruşka, duz we burç goşuň. Sarymsak altyn goňur bolýança bişiriň, ýene 2 minut. Guradylan kömelekleri we suwuklygy goşuň. 5 minut ýa-da suwuklygyň köp bölegi buglanýança bişirmeli.

6. Peçiň ortasyna raf goýuň. Peçini 375 ° F çenli gyzdyryň, 13 × 9 × 2 dýuým çörek bişirilýän tabaga inçe pomidor sousyny guýuň. Birneme gabat gelýän krep gatlaklaryny düzüň. Kömelek, mozarella, sous we peýnir gatlagyny dowam etdiriň. Gatlaklary gaýtalaň, krep, sous we grated peýnir bilen tamamlaň.

7. 45-60 minut bişirmeli ýa-da sous köpelýänçä bişirmeli. Hyzmat etmezden 10 minut öň duruň. Kwadratlara bölüň we ýyly hyzmat ediň.

Et sousy bilen Tuscan artisanal spagetti

Pici al Ragù

6 nahar taýýarlaýar

El bilen ýasalan makaronyň çeýneli görnüşleri Toskanda we Umbriýanyň käbir ýerlerinde meşhur, adatça et ragu bilen duzlanýar. Makaron pici ýa-da pinci diýilýär we "eliňe ýaýramagy" aňladýan appicciata sözünden gelýär.

Montefollonikoda La Chiusa atly restoranda nädip ýasamalydygyny öwrendim, aşpez her stoluň başyna gelýär we nahar iýýänlere nädip ýasamalydygyny görkezýär. Wagt talap edýän hem bolsa, ýasamak gaty aňsat.

Hamyr şekillendirmek üçin 3 stakan ähli maksatly un, üstesine-de has köp

Duz

1 nahar çemçesi zeýtun ýagy

Takmynan 1 käse suw

    6 käse<u>Tuskan et sousy</u>

¹Cup² käse grated Parmigiano-Reggiano

1. Uny we 1-2 çaý çemçesi duzy uly gaba goýuň we garmaly. Zeýtun ýagyny ortasyna guýuň. Garyndyny garyşdyryp başlaň, ýuwaş-ýuwaşdan suw goşup, hamyr birleşip, top emele getirip başlanda saklaň. Hamyry ýeňil ýumrulan ýere öwüriň we takmynan 10 minut töweregi ýumşak we elastik bolýança ýumuň.

eremek. Hamyry topa öwüriň. Upokarky jam bilen ýapyň we 30 minut goýuň.

3. Uly tarelka un bilen tozan. Hamyry dört bölege bölüň. Hamyryň dörtden bir bölegini işlediň, galanlaryny ýapyň. Ownuk hoz ölçegindäki bölekleri gysyň.

Dört. Flateňil ýumrulan ýüzde, tekiz eller bilen, hamyryň her bölegini togalap, 1/8 dýuým galyňlykda inçe süýümler emele getiriň. Taýýar çörek bişirilýän kagyzyň arasyndan biraz boşluk ýerleşdiriň. Galan hamyr bilen gaýtalaň. Çöregiň 1 sagat töweregi açylmagyna ýol beriň.

5. Şol wagt sousy taýýarlaň. Soňra uly gazanda 4 litr suw gaýnadyň. Tagamyna duz goşuň. Çiwäni goşuň we al dente çenli ýumşak, ýöne dişlemäge berk boluň. Sous bilen makaron

guýuň we uly gyzdyrylan tabaga guýuň. Peýnir sepiň we gaýtadan garmaly. Gyzgyn berilýär.

Sarymsak we çörek bölekleri bilen pici

Briciol bilen Pici

4-6 nahar iýýär

Bu tagam Etruskan Çiýusiniň golaýyndaky köl kenaryndaky rahat restoran La Fattoriýadan.

> 1 funt sterlingEt sousy bilen Tuscan artisanal spagetti, 1-6-njy ädimler

¹1/2 stakan zeýtun ýagy

4 sany sarymsak

¹1/2 stakan inçe gury çörek bölekleri

¹1/2 stakan täze grated Pecorino Romano

1. Makaron taýýarlaň. Allhli makaronlary saklap bilýän skeletde, ýagy orta pes otda gyzdyryň. Sarymsak gabygyny ýeňil ezip, gazana goşuň. Sarymsak altyna öwrülýänçä, takmynan 5 minut bişirmeli. Goňur bolmagyna ýol bermäň. Gazandan sarymsagy aýyryň we çörek böleklerini goşuň. Gyrgyçlar altyn goňur bolýança, 5 minut töweregi bişirmeli.

eremek. Bu aralykda azyndan 4 litr suw gaýnadyň. Makaron we 2 nahar çemçesi duz goşuň. Gowy garmaly. Makaron al dente bolýança, ýumşak, ýöne dişlenýänçä ýokary otda bişirmeli. Makaron guýuň.

3. Çörek bölekleri bilen tabaga makaron goşuň we orta otda gowy zyňyň. Peýnir sepiň we gaýtadan garmaly. Derrew hyzmat et.

irmikli makaron hamyry

Agramy takmynan 1 kilogram

Durum bugdaý irmik uny, Italiýanyň günortasynda, esasanam Puglia, Calabria we Basilicata-da dürli görnüşli makaron taýýarlamak üçin ulanylýar. Bişirilende bu makaronlar çeýnendir we berk et we gök önüm souslary bilen gowy jübütleşer. Hamyr gaty gaty. El bilen ýugrulyp bilner, ýöne gaty maşk. Garyndyny agyrlaşdyrmak üçin iýmit prosessoryny ýa-da agyr mikser ulanmagy makul bilýärin, yzygiderliligiň dogrudygyna göz ýetirmek üçin el bilen biraz ýumuň.

1 1/2 dl ince irmik uny

1 stakan ähli maksatly un, çörek bişirmek üçin has köp

1 çaý çemçesi duz

Takmynan 2-3 stakan ýyly suw

1. Güýçli iýmit prosessorynyň ýa-da stend mikseriniň gabynda gury maddalary birleşdiriň. Gaty, ýelmeýän hamyr ýasamak üçin suw goşuň.

eremek. Hamyry ýeňil ýumrulan ýere goýuň. Smoothumşak bolýança dyzlaň, takmynan 2 minut.

3.Hamyry bir tabak bilen ýapyň we 30 minut dynç alyň. Iki sany uly çörek uny bilen un.

Dört. Hamyry 8 bölege bölüň. Galan bölekleri ýokaryk galan gap bilen ýapyp, bir gezekde bir bölek bilen işläň. Hamyryň bir bölegini 1-2 dýuým galyňlykda uzyn ýüpe öwrüň. Hamyry görkezilişi ýaly cavatelli ýa-da orrecchiette şekillendiriň<u>Cavatelli Ragù bilen</u>lukmançylyk reseptleri.

Cavatelli Ragù bilen

Cavatelli Ragù bilen

6-dan 8-e çenli nahar taýýarlaýar

Makaron öndürýän enjamlaryň dükanlary we kataloglary köplenç bir kawatelli enjamyny satýarlar. Köne et üweýji ýaly. Hasabyň içine gysýar, hamyryň bir ujuny bir ujuna sokýar, tutawajyny öwürýär we gowy bişirilen cavatelli beýleki ujundan çykýar. Bu hamyryň bir partiýasy gaty gysga, ýöne ýygy-ýygydan kawatelli etmesem azar bermerin.

Kawatellini emele getireniňizde, agaç üstünde ýa-da beýleki gödek gurluşda işläň. Gödek ýer makaron hamyrynyň böleklerini saklar, şonuň üçin tekiz we tekiz hasapda bolşy ýaly süýşürmegiň ýerine pyçak bilen çykaryp bilersiňiz.

<u>kolbasa stewiORA-DASisiliýa pomidor sousy</u>

1 funt sterling<u>irmikli makaron hamyry</u>4-nji ädim bilen taýýarlandy

Duz

1. Çorbany ýa-da sousy taýýarlaň. Un bilen tozanlanan 2 sany çörek bişiriň.

eremek. Hamyry 1-2 dýuým böleklere bölüň. Pyçak bilen kiçijik pyçagy we indeks barmagyňyzy pyçak bilen basylan tegelek ujy tutuň. Hamyryň pyçagyny ujuna öwrüp, gabyk emele getirmegi üçin hamyryň her bölegini ýuwaşlyk bilen basyp we çekip tekizläň.

3.Bölekleri taýýarlanan gaplara ýaýlaň. Galan hamyr bilen gaýtalaň. (Kawatellini bir sagatlap ulanmajak bolsaňyz, gaplary doňduryja salyň. Bölekler berk bolansoň, plastik halta salyň we berk möhürläň. Nahar bişirmezden ozal eremäň.)

Dört. Bişirmek üçin, ýokary otda gaýnatmak üçin dört litr sowuk suw getiriň. Kawatelli we 2 nahar çemçesi duz goşuň. Makaron ýumşak bolýança, wagtal-wagtal garmaly, ýöne azajyk çeýnäň.

5.Kawatellini süzüň we ýyly hyzmat etmek üçin bir tabaga guýuň. Sous bilen garmaly. Warmyly hyzmat et.

Kawatelli skid we safran bilen

Sugo di Calamari bilen Cavatelli

6 nahar taýýarlaýar

Skidiň birneme çeýnen gurluşy, häzirki Sisiliýanyň reseptinde kawatelliniň çeýeligini dolduryar. Sous un we zeýtun ýagynyň garyndysyndan tekiz we mahmal dokumany we safardan owadan sary reňk alýar.

1 çaý çemçesi safran sapaklary

2 nahar çemçesi ýyly suw

1 orta sogan, inçe kesilen

2 sany sarymsak, gaty inçe kesilen

5 nahar çemçesi zeýtun ýagy

1 funt arassa skid 1-2 dýuým halkalara kesilen

1 1/2 stakan gury ak şerap

Duz we täze ýer gara burç

1 nahar çemçesi un

1 kilogram täze ýa-da doňdurylan kawatelli

1 1/4 käse dogralan täze petruşka

Artykmaç zeýtun ýagy

1.Zafany gyzgyn suwda eziň we saklaň.

eremek. Allhli makaronlary saklap bilýän uly bir skeletde, sogan we sarymsagy 4 nahar çemçesi ýagda, sogan az-azdan gyzarýança, 10 minut töweregi bişirmeli. Kalamari goşuň we kalamari aç-açan bolýança 2 minut töweregi bişirmeli. Tagamy üçin şerap, duz we burç goşuň. Bir gaýna getirmeli we 1 minut gaýnatmaly.

3.Galan nahar çemçesi ýag bilen uny garmaly. Garyndyny skidine goşuň. Gaýnadyň. Safran garyndysyny goşuň we ýene 5 minut bişirmeli.

Dört. Bu aralykda azyndan 4 litr suw gaýnadyň. Makaron we 2 nahar çemçesi duz goşuň. Gowy garmaly. Makaron ýumşak, ýöne biraz bişýänçä, ýokary otda bişirmeli. Nahar suwunyň bir bölegini saklap, makaronyny süzüň.

5. Gazanda makarony skid bilen garmaly. Garyndy gury ýaly görünse, ätiýaçlyk nahar suwundan azajyk goşuň. Petruşkany goşup, gowy garmaly. Otdan çykaryň we azajyk goşmaça zeýtun ýagyna sepiň. Derrew hyzmat et.

Arugula we pomidor bilen Cavatelli

Rughetta we Pomodori bilen Kawatelli

4-6 nahar iýýär

Arugula ýaşyl salat hökmünde has bellidir, ýöne Puglýada köplenç bişirilýär ýa-da bu reseptdäki ýaly, iň soňky minutda gyzgyn çorba ýa-da makaron tagamlaryna garylýar. Onuň goşýan ýakymly, ýokumly tagamyny gowy görýärin.

1 1/4 käse zeýtun ýagy

2 sany sarymsak, inçe kesilen

2 kilo bişen erik pomidorlary, gabykly, tohumly we dogralan ýa-da 1 banka (28 unsiýa) italýan pomidorlarynyň şiresi bilen gabady

Duz we täze ýer gara burç

1 kilogram täze ýa-da doňdurylan kawatelli

1 Cup 2 käse kesilen ricotta ýa-da Pecorino Romano salady

1 sany uly arugula, kesilen we ownuk böleklere bölünen (takmynan 2 käse)

1.Ingredhli maddalary saklap bilýän uly skeletde sarymsagy ýagda gyzarýança orta otda 2 minut töweregi bişirmeli. Tagamy üçin pomidor, duz we burç goşuň. Sousy gaýnadyň we galyň bolýança 20 minut gaýnadyň.

eremek.Iň azyndan 4 litr suw gaýnadyň. Tagamy üçin makaron we duz goşuň. Gowy garmaly. Makaron ýumşaýança, ýokary otda bişirmeli. Nahar suwunyň bir bölegini saklap, makaronyny süzüň.

3.Pomidor sousyna ýarym peýnir bilen makaron goşuň. Arugula goşup, gowy garmaly. Makaron gaty gurak görünýän bolsa, ätiýaçlandyrylan nahar suwundan azajyk goşuň. Galan peýniri sepiň we derrew hyzmat ediň.

Doňuz eti bilen "Orecchiette"

Orecchiette Ragù di Maiale bilen

6-dan 8-e çenli nahar taýýarlaýar

Meniň dostum Dora Marzowilla Bari şäheriniň golaýyndaky Rutiglianodan gelýär. Ol makaron öndüriji hünärmen we men oňa syn etmekden köp zat öwrendim. Dorada diňe makaron ýasamak üçin ulanylýan ýörite agaç makaron tabagy bar. Dora gnokçi, kawatelli, ravioli we maloreddus ýaly köp sanly täze makaron ýasasa-da, Nýu-Yorkorkdaky maşgalasynyň restorany, I Trulli, Sardinian gnokçi, onuň hünäri.

"Orecchiette" ýasamak, "cavatelli" ýasamak bilen gaty meňzeýär. Esasy tapawut, makaron gabygynyň has açyk gümmez görnüşine, tersine frisbe görnüşine ýa-da italýan hyýalynda, adyny alýan kiçijik gulaklaryna eýe bolmagydyr.

1 resept<u>irmik hamyry</u>

3 käse<u>Doňuz eti täze otlar bilen</u>

1 1/2 stakan täze grated Pecorino Romano

1. Çörek we hamyr taýýarlaň. Un sepilen 2 sany uly çörek bişiriň. Hamyry 1-2 dýuým böleklere bölüň. Pyçak bilen kiçijik pyçagy we indeks barmagyňyzy pyçak bilen basylan tegelek ujy tutuň. Hamyryň her bölegini pyçagyň ujy bilen tekizläň, hamyryň disk emele gelmegi üçin ýuwaşlyk bilen basyň we çekiň. Gümmez şeklini döredip, her diski başam barmagyňyzyň ujuna aýlaň.

eremek. Bölekleri taýýarlanan gaplara ýaýlaň. Galan hamyr bilen gaýtalaň..

3. Iň azyndan 4 litr suw gaýnadyň. Tagamy üçin makaron we duz goşuň. Gowy garmaly. Makaron al dente bolýança, ýumşak, ýöne dişlenýänçä ýokary otda bişirmeli. Nahar suwunyň bir bölegini saklap, makaronyny süzüň.

Dört. Raguna makaron goşuň. Peýnir goşup, gowy garmaly, sous gaty galyň bolsa, ätiýaçlyk nahar suwundan azajyk goşuň. Derrew hyzmat et.

Brokoli Rabe bilen "Orecchiette"

"Cime di Monkfish" bilen "Orecchiette"

4-6 nahar iýýär

Bu "Puglia" -nyň resmi nahary diýen ýaly, hiç ýerde has tagamly bolmaz. Käte rapini diýlip atlandyrylýan brokkoli rabe çagyrýar, şalgam, gorçisa gök, kale ýa-da adaty brokkoli hem ulanylyp bilner. Brokkoli rabe uzyn baldaklary we ýapraklary we ýakymly ajy tagamy bar, nahar bişirmek ajy birneme ýumşadýar we ýumşak edýär.

1 dýuým böleklere bölünen 1 topar brokkoli rabe (takmynan 1 1/2 funt)

Duz

1Cup3 käse zeýtun ýagy

4 sany sarymsak

8 sany ansiýa

ýer gyzyl burç tozy

1 kilogram täze oreciette ýa-da cavatelli

1. Bir gaýna suw guýuň. Dadyp görmek üçin brokkoli rabe we duz goşuň. Brokkoly 5 minut gaýnadyň, soňra suw guýuň. Ol henizem berk bolmaly.

eremek. Gazany guradyň. Oilagy sarymsak bilen orta pes otda gyzdyryň. Ansi we gyzyl burç goşuň. Sarymsak altyn bolanda, brokkoli rabe goşuň. Brokkoly ýag bilen örtmek üçin, gowy garmaly, 5 minut töweregi bişirmeli.

3. Iň azyndan 4 litr suw gaýnadyň. Tagamy üçin makaron we duz goşuň. Gowy garmaly. Makaron al dente bolýança, ýumşak, ýöne dişlenýänçä ýokary otda bişirmeli. Nahar suwunyň bir bölegini saklap, makaronyny süzüň.

Dört. Brokkoli rabasyna makaron goşuň. 1 minutlap ýa-da makaron gowy garylýança bişirmeli. Gerek bolsa azajyk nahar suwuny goşuň.

Üýtgeşiklik: Ançileri aýyryň. Dogralan tostlanan badam ýa-da grated Pecorino Romano bilen sepilen makaronlara hyzmat ediň.

Üýtgeşiklik: Ançileri aýyryň. 2 italýan kolbasasyndan gabyklary aýyryň. Eti kesip, sarymsak, burç we brokkoli bilen gowurmaly. Pecorino Romano bilen sepilen nahar berilýär.

Kelem we pomidor bilen orecchiette

"Cavolfiore" we "Pomodori" bilen "Orecchiette"

4-6 nahar iýýär

Sisiliýaly garyndaş maňa bu makaron ýasamagy öwretdi, ýöne Puglýada-da iýilýär. Isleseňiz, çörek bölekerini grated peýnir bilen çalşyp bilersiňiz.

1Cup3 käse goşmaça 2 nahar çemçesi zeýtun ýagy

1 sarymsak, inçe kesilen

3 funt erik pomidor, gabykly, tohumly we dogralan ýa-da 1 banka (28 unsiýa) italýan pomidorlaryny şiresi bilen kesilen, kesilen;

1 sany orta karam, kesilen we güllere kesilen

Duz we täze ýer gara burç

3 nahar çemçesi gury çörek bölekleri

2 sany ansiýa, dogralan (islege görä)

1 kilogram täze oreciette

1. Ingredhli ingredientleri saklap bilýän uly skeletde, sarymsagy 1-2 stakan zeýtun ýagynda gyzarýança orta otda bişirmeli. Tagamy üçin pomidor, duz we burç goşuň. Bir gaýna getirmeli we 10 minut gaýnatmaly.

eremek. Kelem goşuň. Kebelek gaty ýumşak bolýança, 25 minut töweregi gaplaň we bişiriň. Bir çemçeň arkasy bilen biraz karam çalyň.

3. Ownuk skeletde galan 2 nahar çemçesi ýagy orta otda gyzdyryň. Eger ulanýan bolsaňyz, çörek bölekleri we ansi goşuň. Garynjalar gowrulýança we ýag siňýänçä, bulamaly.

Dört. Iň azyndan 4 litr suw gaýnadyň. Tagamy üçin makaron we duz goşuň. Makaron al dente bolýança, ýygy-ýygydan garmaly, dişlenende ýumşak, ýöne berk. Nahar suwunyň bir bölegini saklap, makaronyny süzüň.

5. Makarony pomidor we karam sousy bilen garmaly. Gerek bolsa azajyk nahar suwuny goşuň. Çörek böleklerine sepiň we derrew hyzmat ediň.

Kolbasa we kelem bilen "Orecchiette"

Salsiýa we Kawolo bilen "Orecchiette"

6 nahar taýýarlaýar

Dostum Domenika Marzowilla Toskana syýahatyndan gaýdyp gelende, maňa dostunyň öýünde iýen bu makaronyny gürrüň berdi. Şeýle bir ýönekeý we gowy ýalydy welin, öýe bardym we etdim.

2 nahar çemçesi zeýtun ýagy

8 unsiýa süýji doňuz kolbasa

8 oz gyzgyn doňuz kolbasa

2 stakan konserwirlenen italýan pomidor, guradylan we dogralan

Duz

1 kilo kelem (takmynan 1-2 orta kelle)

1 kilogram täze oreciette ýa-da cavatelli

1. Orta ölçegli gazanda, ýagy orta otda gyzdyryň. Kolbasa goşuň we her tarapdan gyzarýança 10 minut töweregi bişirmeli.

eremek. Pomidor we bir çümmük duz goşuň. Sogan galyň bolýança 30 minut töweregi gaýnadyň we gaýnadyň.

3. Kelemiň özenini kesiň. Kelemini ince zolaklara bölüň.

Dört. Bir gaýna suw guýuň. Kelem goşuň we suw gaýnandan soň 1 minut bişirmeli. Kelemini çemçe bilen gyryň. Gowy suw guýuň. Nahar suwuny ätiýaçda saklaň.

5. Kolbasalary kesiş tagtasyna çykaryň we sousy gazanda goýuň. Sousa kelem goşuň; 15 minut bişirmeli. Kolbasa ince dilimlere bölüň.

6. Suwy gaýnadyň we makarony tagamly duz bilen bişiriň. Gowy süzüň we kolbasa we sous bilen garmaly. Gyzgyn berilýär.

Gylyç balygy bilen "Orecchiette"

Gylyç balygy

4-6 nahar iýýär

Gylyç balygyny tuna ýa-da akula bilen çalşyp bilersiňiz. Baglajany duzlamak, ajy şireleriň käbirini aýyrýar we gurluşyny gowulaşdyrýar, köp aşpez bu ädimi zerur däl hasaplaýar. Elmydama oňa duz berýärin, ýöne saýlamak saňa bagly. Bägül, makarondan birnäçe sagat öň bişirilip bilner. Diňe 350 ° F peçde bişirilýän kagyzyň üstünde 10 minut töweregi gyzdyryň. Bu Sisiliýa makaronlary italýan aşhanasynda adaty däl, sebäbi sousda balyk bar bolsa-da, baýlygy ýokarlandyrýan peýnir bilen gutarýar.

1 uly ýa-da 2 sany ownuk baklajan (takmynan 1-2 funt)

Gaty duz

Bişirmek üçin mekgejöwen ýa-da beýleki ösümlik ýagy

3 nahar çemçesi zeýtun ýagy

1 sany sarymsak, gaty inçe kesilen

2 sany ýaşyl sogan, inçe kesilen

8 unsi gylyç balygy ýa-da beýleki etli balyk filesi (galyňlygy 1-2 dýuým), derisi aýryldy, 1-2 dýuým böleklere bölünýär

dadyp görmek üçin täze ýer gara burç

2 nahar çemçesi ak şerap sirkesi

2 stakan täze pomidor gabykly, tohumly we inçe kesilen ýa-da konserwirlenen italýan pomidorlary, şiresi bilen dogralan we dogralan;

1 çaý çemçesi täze oregano ýapraklary, dogralan ýa-da bir çümmük guradylan oregano

1 kilogram täze oreciette ýa-da cavatelli

1Cup3 käse täze grated Pecorino Romano

1. Bägül, 1 dýuým kublara bölüň. Bölekleri bir tabaga salyň we sahylyk bilen duz sepiň. 30 minutdan 1 sagada çenli oturalyň. Baglajanyň böleklerini çalt ýuwuň. Bölekleri kagyz polotensalaryna goýuň we guradýança süpüriň.

eremek. Orta otda uly, çuňňur skeletde 1-2 dýuým ýagy gyzdyryň. Oilagy barlamak üçin, oňa baklajanyň ownuk bölegini üns bilen ýerleşdiriň. Ulalýan we çalt bişirýän bolsa, bir gatlak ýasamak üçin ýeterlik baklajan goşuň. Gatnawy doldurmaň. Bägüller çüýrük we altyn bolýança, wagtal-wagtal garyşdyryp, takmynan 5 minut bişirmeli. Bölekleri çemçe bilen aýyryň. Aşhana kagyzyna gowy suw guýuň. Galan baklajanlar bilen gaýtalaň. Gyra goýmak.

3. Orta otda orta skletde zeýtun ýagyny sarymsak we bahar sogan bilen 30 sekunt bişirmeli. Balygy goşuň we duz we burç sepiň. Balyk gülgüne bolýança, wagtal-wagtal garyşdyryň, takmynan 5 minut bişiriň. Sirke goşup, 1 minut bişirmeli. Pomidor we oregano goşuň. Bir gaýna getirip, 15 minut gaýnadyň ýa-da birnemc galyň bolýança gaýnadyň.

Dört. Bu arada, uly gazana sowuk suw getirmeli. Tagamy we makaron üçin duz goşuň. Al dente, ýumşak, ýöne dişlemäge çenli wagtal-wagtal garyşdyryň. Gowy suw guýuň.

5. Makaron, sous we baklajany uly ýyly tabakda birleşdiriň. Gowy garmaly. Peýnir goşuň. Warmyly hyzmat et.

Tüwi, mekgejöwen we beýleki däneler

Italiýanyň hemme ýerinde ösdürilip ýetişdirilen we ulanylýan däne görnüşleriniň arasynda tüwi we mekgejöwen iň ýygydyr. Farro, kuskus we arpa bugdaý däneleri ýaly sebit halaýanlarydyr.

Tüwi ilkinji gezek Italyakyn Gündogardan Italiýa getirildi. Aýratynam Italiýanyň demirgazygynda, esasanam Pýemont we Emiliýa-Romagna sebitlerinde gowy ösýär.

Italýan aşpezleri, orta däne tüwiniň görnüşi barada gaty anyk, ýöne görnüşleriň arasyndaky tapawutlar inçe bolup biler. Köp aşpez deňiz önümleriniň risotto, beýlekisi gök önüm risotto üçin bir üýtgeşikligi kesgitlär. Köplenç ileri tutmalar sebitleýin ýa-da adaty däp bolup durýar, her dürli görnüşiň aýratyn aýratynlyklary bar. Karnaroli tüwi görnüşini gowy saklaýar we birneme kremli risotto berýär. Vialone Nano has çalt bişirýär we has ýumşak tagamly bolýar. Arborio iň meşhur we giňden elýeterli, ýöne tagamy has inçe. Güýçli tagamly maddalar bilen öndürilen risotto bilen iň gowusy. Bu üç görnüşiň haýsydyr birini bu kitapdaky risotto reseptleri üçin ulanyp bolýar.

Mekge Italiýada birneme täze däne. Worldewropanyň Täze Dünýä gözleginden soň, mekgejöwen Ispaniýa baryp, ol ýerden tutuş materige ýaýrady. Mekge ösdürip ýetişdirmek aňsat we arzan, şonuň üçin çalt ekildi. Köpüsi haýwan iýmleri üçin ösdürilip ýetişdirilýär, ýöne ak we sary mekgejöwen köplenç polenta üçin ulanylýar. Satyjylar käwagt gowrulan mekgejöweni köçe nahary hökmünde satýan Naplesden başga, Italiýada iýilýän otda mekgejöwen tapmak seýrek. Rimliler käte salatlara banka mekgejöwenini goşýarlar, ýöne bu ekzotik seýrek.

Farro we bugdaý ýaly däneler ösdürilip ýetişdirilýän Italiýanyň merkezi we günortasynda has ýygy duş gelýär. Gadymy bugdaý görnüşi bolan Farro, italýanlar tarapyndan saglyk iýmiti hasaplanýar. Çorbalarda, salatlarda we beýleki tagamlarda ajaýyp.

Arpa, sowuk demirgazyk sebitlerde gowy ösýän gadymy däne. Rimliler goşunlaryny arpa we beýleki däneler bilen iýmitlendirýärdiler. Polentanyň başlangyjy bolan impuls diýlip atlandyrylýan porsy ýa-da çorba bişirildi. Häzirki wagtda arpa esasan Italiýanyň demirgazyk-gündogarynda Awstriýanyň golaýynda bolýar, risotto hökmünde bişirilýär ýa-da çorba goşulýar.

Kiçijik toplara ýygnan durum bugdaý unundan ýasalan kuskus, Sisiliýanyň günbataryna mahsus we asyrlar mundan ozal sebitde araplaryň agdyklyk etmeginiň galyndylarydyr. Adatça deňiz önümleri çorbasy ýa-da etli nahar bilen taýýarlanýar.

RICE

Tüwi Italiýanyň demirgazygynda, Pýemont we Emiliýa-Romagna sebitlerinde ösdürilip ýetişdirilýär we esasy iýmitdir, köplenç makaron ýa-da çorbanyň ýerine işdäaçar hökmünde iýilýär. Tüwi bişirmegiň nusgawy usuly risotto ýaly, bu meniň tüwi jenneti baradaky pikirim!

Öň hiç wagt etmedik bolsaňyz, risotto usuly adaty däl ýaly bolup biler. Başga bir medeniýet, tüwi italýanlaryň edişi ýaly bişirmeýär, ýöne bu usul tüwi duzlanan, soň bolsa gaýnadylan we bişýän suwuklyk siňdirilen palaw ýasamaga meňzeýär. Tüwi, krahmalyny boşadyp, kremli sous emele getirmek üçin bişirmekdir. Taýýar tüwi näzik, ýöne dişlemek üçin berk bolmaly. Noýba beýleki maddalaryň tagamyny siňdirer we kremli suwuklyk bilen gurşalar. Iň oňat netijeler üçin risotto bişirilenden soň derrew iýmeli, ýogsam gurak we kömelek bolup biler.

Risotto öýde taýýarlananda iň gowusydyr. Az restoran risotto ýasamak üçin köp wagt sarp edip biler, ýöne hakykatdanam kän däl. Aslynda, restoran aşhanalarynyň köpüsi tüwi bölekleýin bişirýär we soňra sowadylýar. Biri risotto zakaz edeninde, tüwi gyzdyrylýar we nahar bişirmek üçin zerur tagam goşundylary bilen suwuklyk goşulýar.

Amallara düşüneniňizden soň, risotto ýasamak gaty ýönekeý we köp dürli maddalaryň kombinasiýalaryna uýgunlaşdyrylyp bilner. Risotto ýasamakda ilkinji ädim dogry tüwi almakdyr. ABŞ-da köplenç duş gelýän uzyn däne tüwi, dogry krahmal görnüşi ýoklugy sebäpli risotto ýasamak üçin amatly däl. Adatça "Arborio", "Karnaroli" ýa-da "Vialone Nano" görnüşleri hökmünde satylýan orta däne tüwi, bişirilende we ätiýaçlyk ýa-da bçýlcki suwuklyk bilen garylanda däneden çykýan krahmal görnüşine eýe. Kraxmal suwuklyga baglanýar we krem bolýar.

Italiýadan getirilýän orta däne tüwi supermarketlerde giňden elýeterlidir. ABŞ-da ösdürilip ýetişdirilýär we indi tapmak aňsat.

Şeýle hem gowy towuk, et, balyk ýa-da gök önüm çorbasy gerek. Öýde ýasalan çorbany has gowy görýärler, ýöne konserwirlenen (ýa-da konserwirlenen) çorbany ulanyp bolýar. Dükanyň satyn alnan aksiýany konteýnerden göni ulanyp bolmajakdygyny we köplenç suw bilen garyşdyrýandygyny görýärin. Gaplanan çorbanyň, az natriý görnüşini ulanmasaňyz, duzuň köpdügini ýadyňyzdan çykarmaň, goşulan duzy şoňa görä sazlaň. Aksiýa kublary gaty duzly we emeli tagamly, şonuň üçin ulanamok.

ak risotto

Risotto ak reňkde

4 nahar taýýarlaýar

Bu ýönekeý ak risotto, vanil doňdurmasy ýaly ýönekeý we kanagatlandyryjy. Ony işdäaçar ýa-da gowrulan et üçin gap-gaç nahary hökmünde hyzmat ediň. Täze bir kynçylyk bar bolsa, kaşaň degmek üçin taýýar risotto üstünde syrdyryp görüň. Bu ýagdaýda peýniri aýyrmaly.

4 käse et çorbasy ORA-DA Towuk çorbasy

4 nahar çemçesi duzlanmadyk ýag

1 nahar çemçesi zeýtun ýagy

1 Cup 4 käse sogan ýa-da dogralan sogan

Arborio, Karnaroli ýa-da Vialone Nano ýaly 1-2 stakan orta däne tüwi

1 1/2 stakan gury ak şerap ýa-da köpürjikli şerap

Duz we täze ýer gara burç

¹Cup2 käse grated Parmigiano-Reggiano

1. Gerek bolsa çorbany taýýarlaň. Çorbany orta otda gaýnadyň, çorbanyň ýyly bolmagy üçin ýylylygy azaldyň. Uly, agyr skeletde, orta otda 3 nahar çemçesi ýagy ýag bilen erediň. Düwürtikleri goşuň we ýumşak, ýöne goňur däl ýaly bişirmeli. 5 minut.

eremek. Tüwini goşuň we 2 minut töweregi gyzýança agaç çemçe bilen garmaly. Şeraba goşuň we suwuklygyň köp bölegi buglanýança garmaly.

3. Tüwiniň üstüne 1-2 stakan çorba guýuň. Suwuklygyň köp bölegi siňýänçä, garmaly. Takmynan aksiýa goşmagy dowam etdiriň. Her goşundydan soň garyşdyryp, bir gezekde 1-2 stakan. Suwuklyk çalt gaýnar ýaly ýylylygy sazlaň, ýöne tüwi gazana ýapyşmaz. Bişirilýän wagtyň ýarysyna çenli tagamyna duz we burç goşuň.

Dört. Tüwi ýumşak bolýança, dişlemäge berk we risotto kremli bolýança ulanyň. Taýýar bolmagyňyzy pikir edeniňizde, dänäni synap görüň. Taýýar däl bolsaňyz, bir minutdan soň synagy täzeden synap görüň. Tüwi ýumşak bolmanka çorba gutarsa, gyzgyn suw ulanyň. Bişirmek wagty 18-20 minut bolar.

5. Risotto panany otdan çykaryň. Galan bir nahar çemçesi ýag we peýnir eräp, gaýmak bolýança garmaly. Derrew hyzmat et.

Milano görnüşindäki safran risotto

Milanly Risotto

4-6 nahar iýýär

Altyn safranly tagamly Risotto, Osso Bukonyň klassiki Milanly ýoldaşlygydyr (serSygyr aýagy, Milano stili). Uly sygyr süňklerinden ýabany risotto goşmak oňa baý, etli tagam berýär we adaty, ýöne risotto onsuz ýasalyp bilner.

6 käseTowuk çorbasyORA-DAet çorbasy

1/2 çaý çemçesi dogralan safran sapaklary

4 nahar çemçesi duzlanmadyk ýag

2 nahar çemçesi sygyr eti (islege görä)

2 nahar çemçesi zeýtun ýagy

1 ownuk sogan, gaty inçe dogralan

2 käse (takmynan 1 funt) Arborio, Karnaroli ýa-da Vialone Nano ýaly orta däne tüwi

Duz we täze ýer gara burç

1Cup2 käse grated Parmigiano-Reggiano

1. Gerek bolsa çorbany taýýarlaň. Çorbany orta otda gaýnadyň, çorbanyň ýyly bolmagy üçin ýylylygy azaldyň. 1-2 stakan çorbany aýyryň we ownuk tabaga goýuň. Safron goşuň we guýuň.

eremek. Uly, agyr gazanda, 2 nahar çemçesi ýag, ulansaňyz ýilik we orta otda ýag çalyň. Butterag eränsoň, sogan goşup, 10 minut töweregi gyzarýança, köplenç garmaly.

3. Tüwi goşup, agaç çemçe bilen garmaly, 2 minut töweregi gyzdyrýança bişirmeli. 1-2 stakan gyzgyn ätiýaç goşuň we suwuklyk siňýänçä garmaly. Her goşundydan soň garyşdyryp, bir gezek 1-2 stakan goşmagy dowam ediň. Suwuklyk çalt gaýnar ýaly ýylylygy sazlaň, ýöne tüwi gazana ýapyşmaz. Nahar bişirilişiniň ýarysyna çenli tagam üçin safran garyndysyny, duz we burç goşuň.

Dört. Tüwi näzik bolýança, dişlemäge berk bolýança diňe zerur mukdarda ulanyň. Taýýar bolmagyňyzy pikir edeniňizde, dänäni synap görüň. Taýýar däl bolsaňyz, bir minutdan soň synagy täzeden synap görüň. Tüwi ýumşak bolmanka çorba gutarsa, gyzgyn suw ulanyň. Bişirmek wagty 18-20 minut bolar.

5. Risotto panany otdan çykaryň we galan 2 nahar çemçesi ýag we peýnir eräp, gaýmak bolýança garmaly. Derrew hyzmat et.

asparagus bilen risotto

Asparagus bilen Risotto

6 nahar taýýarlaýar

Weneto sebiti owadan lawanda görnüşli ak asparagus bilen meşhurdyr. Näzik reňke ýetmek üçin, asparagus gün şöhlesine düşmezligi we hlorofil emele gelmezligi üçin ulaldygyça ýapylýar. Ak garaguş näzik tagamly we ýaşyl görnüşden has ýumşakdyr. Ak asparagus bu risotto üçin amatly, ýöne adaty ýaşyl dürlüligi bilen ýasap bilersiňiz we tagamy henizem ajaýyp bolar.

5 käse<u>Towuk çorbasy</u>

1 kilo täze asparagus, dogralan

4 nahar çemçesi duzlanmadyk ýag

1 ownuk sogan, inçe kesilen

Arborio, Karnaroli ýa-da Vialone Nano ýaly 2 stakan orta däne tüwi

1 1/2 stakan gury ak şerap

Duz we täze ýer gara burç

³Cup4 käse grated Parmigiano-Reggiano

1. Gerek bolsa çorbany taýýarlaň. Çorbany orta otda gaýnadyň, çorbanyň ýyly bolmagy üçin ýylylygy azaldyň. Asparagusyň ujuny kesiň we bir gapdalda goýuň. Kesmek 1-2 dýuým dilimlere bölünýär.

eremek. Uly agyr gazanda 3 nahar çemçesi ýagy erediň. Sogan goşup, orta otda bişirmeli, wagtal-wagtal garmaly, gaty ýumşak we altyn bolýança, takmynan 10 minut.

3. Kepjebaş sapaklaryny goşuň. Wagtal-wagtal bulaşdyryp, 5 minut bişirmeli.

Dört. Tüwi goşup, agaç çemçe bilen garmaly, 2 minut töweregi gyzdyrýança bişirmeli. Şeraba goşuň we suwuklyk buglanýança yzygiderli garmaly. Tüwiniň üstüne 1-2 stakan çorba guýuň. Suwuklygyň köp bölegi siňýänçä, garmaly.

5. Takmynan aksiýa goşmagy dowam etdiriň. Her goşundydan soň garyşdyryp, bir gezekde 1-2 stakan. Suwuklyk çalt gaýnar ýaly ýylylygy sazlaň, ýöne tüwi gazana ýapyşmaz. Takmynan 10 minutdan soň, asparagus maslahatlaryny goşuň. Duz we burç bilen möwsüm. Tüwi ýumşak bolýança, dişlemäge berk we risotto kremli bolýança ulanyň. Taýýar bolmagyňyzy pikir

edeniňizde, dänäni synap görüň. Taýýar däl bolsaňyz, bir minutdan soň synagy täzeden synap görüň. Tüwi ýumşak bolmanka çorba gutarsa, gyzgyn suw ulanyň. Bişirmek wagty 18-20 minut bolar.

6. Risotto panany otdan çykaryň. Peýnir we galan nahar çemçesi ýag goşuň. Ysly zatlary dadyň. Derrew hyzmat et.

Gyzyl burç bilen Risotto

Pepperoni Rossi bilen Risotto

6 nahar taýýarlaýar

Möwsümiň iň ýokary derejesinde, gök burçda açyk gyzyl burç beýikde duranda, olary köp usullar bilen ulanmaga ruhlandyrýaryn. Onuň süýji, ýumşak tagamy we owadan reňki tortillalardan makaron, çorbalar, salatlar we stewlere çenli hemme zady has gowy edýär. Bu adaty resept däl, ýöne bir gün gyzyl burç ulanmagyň täze usulyny gözleýän wagtym maňa geldi. Bu reseptde sary ýa-da mämişi jaň burçlary hem gowy bolardy.

5 käse<u>Towuk çorbasy</u>

3 nahar çemçesi duzlanmadyk ýag

1 nahar çemçesi zeýtun ýagy

1 ownuk sogan, inçe kesilen

2 sany gyzyl burç, reňkli we inçe kesilen

Arborio, Karnaroli ýa-da Vialone Nano ýaly 2 stakan orta däne tüwi

Duz we täze ýer gara burç

1 Cup 2 käse grated Parmigiano-Reggiano

1. Gerek bolsa çorbany taýýarlaň. Çorbany orta otda gaýnadyň, çorbanyň ýyly bolmagy üçin ýylylygy azaldyň. Uly, agyr gazanda 2 nahar çemçesi ýag we ýagy orta otda gyzdyryň. Butterag eränsoň, sogan goşup, 10 minut töweregi gyzarýança, köplenç garmaly. Burç goşup, ýene 10 minut bişirmeli.

eremek. Tüwini goşuň we 2 minut töweregi gyzýança agaç çemçe bilen garmaly. 1-2 stakan gyzgyn ätiýaç goşuň we suwuklyk siňýänçä garmaly. Her goşundydan soň garyşdyryp, bir gezek 1-2 stakan goşmagy dowam ediň. Suwuklyk çalt gaýnar ýaly ýylylygy sazlaň, ýöne tüwi gazana ýapyşmaz. Nahar bişirmegiň ýarysyna çenli tagamyna duz we burç goşuň.

3. Tüwi ýumşak bolýança, dişlemäge berk we risotto kremli bolýança ulanyň. Taýýar bolmagyňyzy pikir edeniňizde, dänäni synap görüň. Taýýar däl bolsaňyz, bir minutdan soň synagy täzeden synap görüň. Tüwi bişmänkä suwuklyk gaçsa, gyzgyn suw bilen bişirmegi tamamlaň. Bişirmek wagty 18-20 minut bolar.

Dört. Risotto panany otdan çykaryň. Galan nahar çemçesi ýag we peýnir eräp, gaýmak bolýança goşuň. Ysly zatlary dadyň. Derrew hyzmat et.

Pomidor we arugula bilen Risotto

Pomidor we arugula bilen Risotto

6 nahar taýýarlaýar

Täze pomidor, reyhan we arugula bu risotony tomsuň düýp manysyna öwürýär. Men prodýuser Matilde Kuomodan Furore de Kampaniýa ýaly sowadylan ak şerap bilen hyzmat etmegi halaýaryn.

5 käse<u>Towuk çorbasy</u>

1 sany uly arugula, kesip, ýuwuň

3 nahar çemçesi zeýtun ýagy

1 ownuk sogan, inçe kesilen

2 kg bişen erik pomidor, gabykly, tohumly we dogralan

Arborio, Karnaroli ýa-da Vialone Nano ýaly 2 stakan orta däne tüwi

Duz we täze ýer gara burç

1Cup2 käse grated Parmigiano-Reggiano

2 nahar çemçesi täze dogralan reyhan

1 nahar çemçesi goşmaça bakja zeýtun ýagy

1.Gerek bolsa çorbany taýýarlaň. Çorbany orta otda gaýnadyň, çorbanyň ýyly bolmagy üçin ýylylygy azaldyň. Arugula ýapraklaryny ownuk böleklere bölüň. Takmynan 2 käse içmeli.

eremek. Oilagy giň we agyr gazana guýuň. Sogan goşup, orta otda bişirmeli, wagtal-wagtal agaç çemçe bilen garmaly, sogan gaty ýumşak we altyn bolýança, takmynan 10 minut.

3.Pomidor goşuň. Şiräniň köp bölegi buglanýança, 10 minut töweregi wagtal-wagtal garyşdyryň.

Dört.Tüwi goşup, agaç çemçe bilen garmaly, 2 minut töweregi gyzdyrýança bişirmeli. Tüwiniň üstüne 1-2 stakan çorba guýuň. Suwuklygyň köp bölegi siňýänçä bişirmeli we garmaly.

5.Takmynan aksiýa goşmagy dowam etdiriň. Her goşundydan soň garyşdyryp, bir gezekde 1-2 stakan. Suwuklyk çalt gaýnar ýaly ýylylygy sazlaň, ýöne tüwi gazana ýapyşmaz. Nahar bişirmegiň ýarysy, duz we burç bilen möwsüm. Tüwi ýumşak bolýança, dişlemäge berk we risotto kremli bolýança ulanyň.

Taýýar bolmagyňyzy pikir edeniňizde, dänäni synap görüň. Taýýar däl bolsaňyz, bir minutdan soň synagy täzeden synap görüň. Tüwi ýumşak bolmanka çorba gutarsa, gyzgyn suw ulanyň. Bişirmek wagty 18-20 minut bolar.

6. Risotto panany otdan çykaryň. Peýnir, reyhan we bir çemçe goşmaça bakja zeýtun ýagyny goşuň. Ysly zatlary dadyň. Arugulany goşuň we derrew hyzmat ediň.

Gyzyl çakyr we radikio bilen Risotto

Radicchio bilen Risotto

6 nahar taýýarlaýar

Çikor maşgalasynyň agzasy Radicchio Wenetoda ulalýar. Munuň bilen baglanyşykly endives ýaly, çikori birneme ajy, ýöne süýji tagamly. Ilki bilen salat jamyna reňkli goşundy diýip pikir etsek-de, italýanlar köplenç radikio bişirýärler. Ony dilimläp we panjara edip bolýar, ýa-da ýapraklary doldurgyç bilen örtüp, başlangyç hökmünde bişirip bolýar. Bişirilen goňur reňk bişirilende goýy mahogany goňur bolýar. Bu risotto adaty reseptleri hödürleýän Veronadaky restoran Il Cenakoloda iýdim.

5 käseTowuk çorbasyORA-DAet çorbasy

1 orta radikio (takmynan 12 unsiýa)

2 nahar çemçesi zeýtun ýagy

2 nahar çemçesi duzlanmadyk ýag

1 ownuk sogan, inçe kesilen

1 1/2 stakan gury gyzyl çakyr

Arborio, Karnaroli ýa-da Vialone Nano ýaly 2 stakan orta däne tüwi

Duz we täze ýer gara burç

1Cup2 käse grated Parmigiano-Reggiano

1. Gerek bolsa çorbany taýýarlaň. Çorbany orta otda gaýnadyň, çorbanyň ýyly bolmagy üçin ýylylygy azaldyň. Radikiony kesip, 1-2 dýuým galyňlykdaky dilimlere kesiň. Dilimleri 1 dýuým böleklere bölüň.

eremek. Uly, agyr skeletde, ýagy 1 nahar çemçesi ýag bilen orta otda gyzdyryň. Butterag eränsoň, wagtal-wagtal garyşdyryp, sogan gaty ýumşaýança, takmynan 10 minutlap, sogan we sous goşuň.

3. Ortaça ýylylygy ýokarlandyryň, radicchio goşuň we ýumşaýança 10 minut töweregi bişirmeli.

Dört. Tüwi goşuň. Şeraba goşuň we suwuklygyň köp bölegi siňýänçä, bulamaly. Tüwiniň üstüne 1-2 stakan çorba guýuň. Suwuklygyň köp bölegi siňýänçä bişirmeli we garmaly.

5. Takmynan aksiýa goşmagy dowam etdiriň. Her goşundydan soň garyşdyryp, bir gezekde 1-2 stakan. Suwuklyk çalt gaýnar

ýaly ýylylygy sazlaň, ýöne tüwi gazana ýapyşmaz. Nahar bişirmegiň ýarysy, duz we burç bilen möwsüm. Tüwi ýumşak bolýança, dişlemäge berk we risotto kremli bolýança ulanyň. Taýýar bolmagyňyzy pikir edeniňizde, dänäni synap görüň. Taýýar däl bolsaňyz, bir minutdan soň synagy täzeden synap görüň. Tüwi ýumşak bolmanka çorba gutarsa, gyzgyn suw ulanyň. Bişirmek wagty 18-20 minut bolar.

6. Gazany otdan çykaryň we galan nahar çemçesi ýag we peýnir goşuň. Ysly zatlary dadyň. Derrew hyzmat et.

Risotto kremli karam bilen

Cavolfiore risotto

6 nahar taýýarlaýar

Parmada işdäňiz ýa-da esasyňyz bolmazlygy mümkin, ýöne hiç wagt risotto ýa-da makaron bolmaz; elmydama ajaýyp gowy. Bu, birnäçe ýyl mundan ozal ajaýyp filtri La Filomada iýen risotto görnüşim.

Ilkinji gezek bu risotto ýasanymda, elimde ak turba pastasy bardy we nahar bişirilýän wagtyň ahyryna birneme goşdum. Tagamy sensasiýa boldy. Truffle pastasyny tapyp bilseňiz synap görüň.

4 käse <u>Towuk çorbasy</u>

1-2 dýuým güllere kesilen 4 stakan karam

1 sarymsak, inçe kesilen

1 1/2 dl süýt

Duz

4 nahar çemçesi duzlanmadyk ýag

¹1/4 käse inçe dogralan sogan

Arborio, Karnaroli ýa-da Vialone Nano ýaly 2 stakan orta däne tüwi

täze ýer gara burç

³Cup4 käse grated Parmigiano-Reggiano

1. Gerek bolsa çorbany taýýarlaň. Çorbany orta otda gaýnadyň, çorbanyň ýyly bolmagy üçin ýylylygy azaldyň. Orta gazanda, karam, sarymsak, süýt we bir çümmük duz birleşdiriň. Gaýnadyň. Suwuklygyň köp bölegi bugarýança we karam ýumşak bolýança bişiriň, takmynan 10 minut. Ody gaty pes saklaň we garyndyny ýanmaz ýaly wagtal-wagtal garmaly.

eremek. Uly, agyr skeletde, ýagy 2 nahar çemçesi ýag bilen orta otda gyzdyryň. Butterag eränsoň, sogan sogan we sogan goşup, wagtal-wagtal garmaly, sogan gaty ýumşak we altyn bolýança, takmynan 10 minut.

3. Tüwi goşup, agaç çemçe bilen garmaly, 2 minut töweregi gyzdyrýança bişirmeli. 1-2 stakan ätiýaçlyk guýuň. Suwuklygyň köp bölegi sorulýança bişiriň we garmaly.

Dört. Bir gezek 1-2 stakan çorba goşmagy dowam etdiriň, tä siňýançä yzygiderli garmaly. Suwuklyk çalt gaýnar ýaly ýylylygy sazlaň, ýöne tüwi gazana ýapyşmaz. Nahar bişirmegiň ýarym töweregi, duz we burç bilen möwsüm.

5. Tüwi gutaransoň, karam garyndysyny goşuň. Tüwi ýumşak bolýança, dişlemäge berk we risotto kremli bolýança ulanyň. Taýýar bolmagyňyzy pikir edeniňizde, dänäni synap görüň. Taýýar däl bolsaňyz, bir minutdan soň synagy täzeden synap görüň. Tüwi ýumşak bolmanka çorba gutarsa, gyzgyn suw ulanyň. Bişirmek wagty 18-20 minut bolar.

6. Gazany ysly we möwsümde ysly zatlar bilen çykaryň. Galan 2 nahar çemçesi ýag we peýnir goşuň. Derrew hyzmat et.

limon risotto

Limon bilen Risotto

6 nahar taýýarlaýar

Täze limon zestiniň we şiräniň janly tagamy Kapride bolan bu risotony ýagtylandyrýar. Italýanlar muny ýygy-ýygydan etmeseler-de, men duzly gabyklara ýa-da panjara balyklaryna bir tarap hökmünde hyzmat etmegi halaýaryn.

   5 käse<u>Towuk çorbasy</u>

4 nahar çemçesi duzlanmadyk ýag

1 ownuk sogan, inçe kesilen

Arborio, Karnaroli ýa-da Vialone Nano ýaly 2 stakan orta däne tüwi

Duz we täze ýer gara burç

1 nahar çemçesi täze limon suwy

1 çaý çemçesi limon gabygy

1Cup2 käse grated Parmigiano-Reggiano

1. Gerek bolsa çorbany taýýarlaň. Çorbany orta otda gaýnadyň, çorbanyň ýyly bolmagy üçin ýylylygy azaldyň. Uly, agyr gazanda, 2 nahar çemçesi ýagy orta otda erediň. Sogan goşup, 10 minut töweregi gyzarýança wagtal-wagtal garmaly.

eremek. Tüwini goşuň we 2 minut töweregi gyzýança agaç çemçe bilen garmaly. 1-2 stakan gyzgyn ätiýaç goşuň we suwuklyk siňýänçä garmaly.

3. Her goşundydan soň garyşdyryp, bir gezek 1-2 stakan goşmagy dowam ediň. Suwuklyk çalt gaýnar ýaly ýylylygy sazlaň, ýöne tüwi gazana ýapyşmaz. Nahar bişirilýän wagtyň ýarysyna, duz we burç bilen möwsüm.

Dört. Tüwi ýumşak bolýança, dişlemäge berk we risotto kremli bolýança ulanyň. Taýýar bolmagyňyzy pikir edeniňizde, dänäni synap görüň. Taýýar däl bolsaňyz, bir minutdan soň synagy täzeden synap görüň. Tüwi ýumşak bolmanka çorba gutarsa, gyzgyn suw ulanyň. Bişirmek wagty 18-20 minut bolar.

5. Risotto panany otdan çykaryň. Limon şiresi we zest, galan 2 nahar çemçesi ýag we peýnir goşuň. Butterag we peýnir eräp,

kremli bolýança garmaly. Ysly zatlary dadyň. Derrew hyzmat et.

ysmanak risotto

Ysmanak risotto

6 nahar taýýarlaýar

Täze reýhan bar bolsa, petruşkanyň ýerine goşuň. Çard ýa-da eskarol ýaly ysmanak ýerine beýleki gök önümleri ulanyp bolýar.

5 käse Towuk çorbasy

1 kilogram täze ysmanak, ýuwuldy we suwlandy

1 1/4 käse suw

Duz

4 nahar çemçesi duzlanmadyk ýag

1 orta sogan, ençe kesilen

2 käse (takmynan 1 funt) Arborio, Karnaroli ýa-da Vialone Nano ýaly orta däne tüwi

täze ýer gara burç

1 1/4 käse dogralan täze petruşka

¹Cup2 käse grated Parmigiano-Reggiano

1. Gerek bolsa çorbany taýýarlaň. Çorbany orta otda gaýnadyň, çorbanyň ýyly bolmagy üçin ýylylygy azaldyň. Uly gazanda ysmanak, suw we duz birleşdiriň. Gaplaň we gaýnadyň. Ysmanak ýumşak bolýança, takmynan 3 minut bişirmeli. Şiräni çykaryň we suwy çykarmak üçin ýuwaşlyk bilen gysyň. Ysmanagy inçejik edip kesiň.

eremek. Uly, agyr skeletde, orta otda 3 nahar çemçesi ýag gyzdyryň. Butterag eränsoň, sogan goşup, 10 minut töweregi gyzarýança, köplenç garmaly.

3. Tüwini sogan bilen goşuň we agaç çemçe bilen garmaly, gyzdyrylýança 2 minut töweregi bişirmeli. 1-2 stakan gyzgyn ätiýaç goşuň we suwuklyk siňýänçä garmaly. Her goşundydan soň garyşdyryp, bir gezek 1-2 stakan goşmagy dowam ediň. Suwuklyk çalt gaýnar ýaly ýylylygy sazlaň, ýöne tüwi gazana ýapyşmaz. Nahar bişirmegiň ýarysyna ysmanak, duz we burç goşuň.

Dört. Tüwi ýumşak bolýança, dişlemäge berk we risotto kremli bolýança ulanyň. Taýýar bolmagyňyzy pikir edeniňizde, dänäni synap görüň. Taýýar däl bolsaňyz, bir minutdan soň synagy täzeden synap görüň. Tüwi ýumşak bolmanka çorba gutarsa, gyzgyn suw ulanyň. Bişirmek wagty 18-20 minut bolar.

5. Risotto panany otdan çykaryň. Galan ýag we peýnir goşuň. Derrew hyzmat et.

altyn kädi bilen risotto

Ziska d'Oro bilen Risotto

4-6 nahar iýýär

Italiýanyň ýaşyl bazarlarynda aşpezler risotto ýasamak üçin köp mukdarda gyş gök önümlerini satyn alyp bilerler. Gawuk, italýan görnüşleriniň süýji tagamyna we batareýa gurluşyna has ýakyn. Bu risotto Lombardiýadaky Mantuanyň aýratynlygy.

5 käse<u>Towuk çorbasy</u>

4 nahar çemçesi duzlanmadyk ýag

1Cup4 käse sogan ýa-da inçe dogralan sogan

2 stakan kädi, gabykly we dogralan (takmynan 1 funt)

Arborio, Karnaroli ýa-da Vialone Nano ýaly 2 stakan orta däne tüwi

1 1/2 stakan gury ak şerap

Duz we täze ýer gara burç

1Cup2 käse grated Parmigiano-Reggiano

1. Gerek bolsa çorbany taýýarlaň. Çorbany orta otda gaýnadyň, çorbanyň ýyly bolmagy üçin ýylylygy azaldyň. Uly, agyr gazanda üç nahar çemçesi ýagy orta otda erediň. Düwürtikleri goşuň we 5 minut töweregi gyzarýança köplenç garmaly.

eremek. Gawun we 1-2 stakan çorba goşuň. Çorba buglanýança bişiriň.

3. Tüwi goşup, agaç çemçe bilen garmaly, 2 minut töweregi gyzdyrýança bişirmeli. Şerap bugarýança goşuň.

Dört. 1-2 stakan gyzgyn ätiýaç goşuň we suwuklyk siňýänçä garmaly. Her goşundydan soň garyşdyryp, bir gezek 1-2 stakan goşmagy dowam ediň. Suwuklyk çalt gaýnar ýaly ýylylygy sazlaň, ýöne tüwi gazana ýapyşmaz. Taýýarlygyň ýarysyny dadyp görmek üçin duz we burç goşuň.

5. Tüwi ýumşak bolýança, dişlemäge berk we risotto kremli bolýança ulanyň. Taýýar bolmagyňyzy pikir edeniňizde, dänäni synap görüň. Taýýar däl bolsaňyz, bir minutdan soň synagy täzeden synap görüň. Tüwi ýumşak bolmanka çorba gutarsa, gyzgyn suw ulanyň. Bişirmek wagty 18-20 minut bolar.

6. Risotto panany otdan çykaryň. Galan ýag we peýnir goşuň. Derrew hyzmat et.

Wenesiýa nohut risotto

Risi we Bisi

6 nahar taýýarlaýar

Wenesiýada bu risotto baharyň we möwsümiň ilkinji täze gök önümleriniň gelmegini bellemek üçin iýilýär. Wenesiýalylar risotto gaty galyň, şonuň üçin hakykylygyny gözleýän bolsaňyz, taýýar risotto goşmaça nahar çemçesi ätiýaçlyk ýa-da suw goşuň.

6 käse<u>Towuk çorbasy</u>

1 orta sary sogan, inçe kesilen

4 nahar çemçesi zeýtun ýagy

Arborio, Karnaroli ýa-da Vialone Nano ýaly 2 stakan orta däne tüwi

Duz we täze ýer gara burç

2 stakan bölekleýin eredilen çaga nohutlary ýa-da doňdurylan nohutlar

2 nahar çemçesi inçe kesilen tekiz ýaprakly petruşka

1Cup2 käse grated Parmigiano-Reggiano

2 nahar çemçesi duzlanmadyk ýag

1. Gerek bolsa çorbany taýýarlaň. Çorbany orta otda gaýnadyň, çorbanyň ýyly bolmagy üçin ýylylygy azaldyň. Oilagy giň we agyr gazana guýuň. Sogan goşup, 10 minut töweregi sogan we altyn bolýança orta otda bişirmeli.

eremek. Tüwi goşup, agaç çemçe bilen garmaly, 2 minut töweregi gyzdyrýança bişirmeli. Takmynan goşuň. 1-2 stakan gyzgyn çorba we siňýänçä garmaly. Her goşundydan soň garyşdyryp, bir gezek 1-2 stakan goşmagy dowam ediň. Suwuklyk çalt gaýnar ýaly ýylylygy sazlaň, ýöne tüwi gazana ýapyşmaz. Taýýarlygyň ýarysyny dadyp görmek üçin duz we burç goşuň.

3. Nohut we petruşka goşuň. Suwuklygy goşmagy we garmagy dowam ediň. Tüwi ýumşak, ýöne dişlemek üçin berk bolmaly we risotto ýeňil, birneme galyň yzygiderlilik bolmaly. Çorbanyňyz gutarsa, gyzgyn suw ulanyň. Bişirmek wagty 18-20 minut bolar.

Dört. Tüwi näzik, ýöne şonda-da berk bolanda, gazany otdan çykaryň. Peýnir we ýag goşup, gowy garmaly. Derrew hyzmat et.

Bahar risotto

Bahar risotto

4-6 nahar iýýär

Reňkli gök önümleriň ownuk bölekleri bu açyk we tagamly risotony bezär. Gök önümler çakdanaşa goşulmaz ýaly goşulýar.

6 käse gök önüm çorbasy ýa-da suw

3 nahar çemçesi duzlanmadyk ýag

1 nahar çemçesi zeýtun ýagy

1 orta sogan, inçe kesilen

1 ownuk käşir, dogralan

1 ownuk selderýa sapagy, dogralan

Arborio, Karnaroli ýa-da Vialone Nano ýaly 2 stakan orta däne tüwi

1 1/2 stakan täze ýa-da doňdurylan nohut

1 stakan dilimlenen kömelek, islendik görnüş

6 sany asparagus naýza, kesilip, 1-2 dýuým böleklere bölünýär

Duz we täze ýer gara burç

1 sany uly pomidor, reňkli we kesilen

2 nahar çemçesi inçe dogralan täze tekiz ýaprakly petruşka

1Cup2 käse grated Parmigiano-Reggiano

1.Gerek bolsa çorbany taýýarlaň. Çorbany orta otda gaýnadyň, çorbanyň ýyly bolmagy üçin ýylylygy azaldyň. Uly, agyr skeletde 2 nahar çemçesi ýag we ýagy orta otda birleşdiriň. Butterag eränsoň, sogan atyp, gyzarýança gowurmaly, takmynan 10 minut.

eremek.Käşir we selderini goşup, 2 minut bişirmeli. Tüwini gowy örtülýänçä garmaly.

3.1-2 stakan ätiýaçlyk goşuň we suwuklyk siňýänçä, agaç çemçe bilen yzygiderli garmaly. Çorbany bir gezekde 1-2 stakan goşup, her goşundydan soň 10 minut garmaly. Suwuklyk çalt gaýnar ýaly ýylylygy sazlaň, ýöne tüwi gazana ýapyşmaz.

Dört. Nohut, kömelek we garaguşyň ýarysyny goşuň. Tagamyna duz we burç goşuň. Bir stocka goşmagy dowam etdiriň we ýene 10 minut garmaly. Galan asparagus we pomidor goşuň.

Bir stocka goşuň we tüwi berk, ýöne ýumşak we risotto kremli bolýança garmaly. Taýýar bolmagyňyzy pikir edeniňizde, dänäni synap görüň. Taýýar däl bolsaňyz, bir minutdan soň synagy täzeden synap görüň.

5. Risotto panany otdan çykaryň. Ysly zatlary dadyň. Petruşka we galan ýag goşuň. Peýnir goşuň. Derrew hyzmat et.

Pomidor we şrift bilen Risotto

Pisodori we Fontina bilen Risotto

6 nahar taýýarlaýar

Hakyky Valle d'Aosta şriftiniň başga bir ýerde öndürilen şriftden tapawutlylykda ýokumly, miweli we toprakly aýdyň tagamy bar. Italiýanyň demirgazyk-günbataryndaky bu risotto gözlemäge mynasypdyr. Bu tagam golaýdaky Pýemont sebitinden Arneis ýaly gülli ak şerap bilen gowy geçer.

5 käse Towuk çorbasy

3 nahar çemçesi duzlanmadyk ýag

1 orta sogan, inçe kesilen

1 käse gabykly, dogralan we dogralan pomidor

Arborio, Karnaroli ýa-da Vialone Nano ýaly 2 stakan orta däne tüwi

1 1/2 stakan gury ak şerap

Duz we täze ýer gara burç

4 unsiýa Fontina Valle d'Aosta, grated

1Cup2 käse grated Parmigiano-Reggiano

1. Gerek bolsa çorbany taýýarlaň. Çorbany orta otda gaýnadyň, çorbanyň ýyly bolmagy üçin ýylylygy azaldyň. Sarymsagy orta otda uly gazanda erediň. Sogan goşup, wagtal-wagtal garmaly, sogan ýumşak we altyn bolýança, takmynan 10 minut.

eremek. Pomidor goşuň. Suwuklygyň köp bölegi buglanýança, takmynan 10 minut bişirmeli.

3. Tüwi goşup, agaç çemçe bilen garmaly, 2 minut töweregi gyzdyrýança bişirmeli. Tüwiniň üstüne şerap we 1-2 stakan çorba guýuň. Suwuklygyň köp bölegi siňýänçä bişirmeli we garmaly.

Dört. Takmynan aksiýa goşmagy dowam etdiriň. Her goşundydan soň garyşdyryp, bir gezekde 1-2 stakan. Suwuklyk çalt gaýnar ýaly ýylylygy sazlaň, ýöne tüwi gazana ýapyşmaz. Nahar bişirmegiň ýarym töweregi, duz we burç bilen möwsüm.

5. Tüwi ýumşak bolýança, dişlemäge berk we risotto kremli bolýança ulanyň. Taýýar bolmagyňyzy pikir edeniňizde, dänäni synap görüň. Taýýar däl bolsaňyz, bir minutdan soň

synagy täzeden synap görüň. Tüwi ýumşak bolmanka çorba gutarsa, gyzgyn suw ulanyň. Taýýarlyk wagty 18-20 minut.

6. Risotto panany otdan çykaryň. Peýnir goşuň. Ysly zatlary dadyň. Derrew hyzmat et.

Karides we selderýa risotto

Gamberi we Sedano bilen Risotto

6 nahar taýýarlaýar

Köp italýan reseptleri soffritto, ýagyň ýa-da ýagyň ýa-da käte ikisiniň we tagamly gök önümleriň tagamy, sogan, selderýa, käşir, sarymsak we käwagt otlar bilen çäklenip bilmeýär. Duzly doňuz eti ýa-da pancetta, etli tagam bermek üçin käwagt soffritto goşulýar.

Tanaýan italýan aşpezleriniň köpüsi ýaly, soffritto ingredientlerini birbada gazana goýmagy, soň bolsa hemme zady gyzdyryp, ýuwaşlyk bilen bişirmegi üçin oduny ýakmagy makul bilýärin, netijelere has gowy gözegçilik edip bilerin. Soffritto ýygy-ýygydan garmaly, käwagt gök önümler açyk tagamly ýa-da has çuňlugy üçin altyn goňur bolýança bişirmeli. Munuň ýerine ilki bilen ýagy ýa-da ýagy gyzdyrsaňyz, tabak inçe bolsa, yssy aşa köp bolsa ýa-da biraz wagt ünsüňizi sowsaňyz, ýag gaty gyzyp biler. Şonuň üçin beýleki soffritto tagamlary goşulanda, gaty çalt we deň däl goňur bolýar.

Bu Emiliýa-Romagna reseptindäki soffritto iki ädimde edilýär. Diňe zeýtun ýagy we sogan bilen başlaň, sebäbi men soganlaryň ýagda tagamyny goýbermegini we düýbüne birneme peselmegini isleýärin. Ikinji ädim selderey, petruşka we sarymsagy bişirmegi öz içine alýar, selderiniň birneme gysym bolmagy üçin, ýöne tagamyny boşadýar we petruşka we sarymsak bilen başga bir tagam gatlagyny döredýär.

Gabykda karides satyn alsaňyz, tagamly karides ätiýaçlygy üçin saklaň. Eger gyssanýan bolsaňyz, gabykly karides satyn alyp, diňe towuk ýa-da balyk goruny, hatda suwy ulanyp bilersiňiz.

Öýde ýasalan 6 käse <u>Towuk çorbasy</u> ýa-da balyk goruny satyn aldy

1 kilogram orta çemçe

1 ownuk sogan, inçe kesilen

2 nahar çemçesi zeýtun ýagy

1 käse inçe kesilen selderýa

2 sany sarymsak, inçe kesilen

2 nahar çemçesi dogralan täze petruşka

Arborio, Karnaroli ýa-da Vialone Nano ýaly 2 stakan orta däne tüwi

Dadyp görmek üçin duz we täze ýer gara burç.

1 nahar çemçesi duzlanmadyk ýag ýa-da goşmaça bakja zeýtun ýagy

1. Gerek bolsa çorbany taýýarlaň. Soňra gabyklary saklap, karidesini arassalaň we aýyryň. Krepkany 1-2 dýuým böleklere bölüň we bir gapdalda goýuň. Gabyklary çorba bilen uly gazana goýuň. Bir gaýna getirmeli we 10 minut gaýnatmaly. Çorbany süzüň we derini taşlaň. Çorbany tabaga gaýtaryň we gaty pes otda getiriň.

eremek. Uly agyr gazanda, soganlygy orta otda bişirmeli, köplenç 5 minut töweregi garmaly. Selderey, sarymsak we petruşka goşup, ýene 5 minut bişirmeli.

3. Tüwini gök önümlere goşuň we gowy garmaly. 1-2 stakan ätiýaçlyk goşuň we suwuklyk siňýänçä, bulamaly. Her goşundydan soň garyşdyryp, bir gezek 1-2 stakan goşmagy dowam ediň. Suwuklyk çalt gaýnar ýaly ýylylygy sazlaň, ýöne tüwi gazana ýapyşmaz.

Dört. Tüwi taýýar bolansoň, tagamyna gysga we duz we burç goşuň. Tüwi ýumşak bolýança, dişlemäge berk we risotto çygly we kremli bolýança ulanyň. Taýýar bolmagyňyzy pikir edeniňizde, dänäni synap görüň. Taýýar däl bolsaňyz, bir minutdan soň synagy täzeden synap görüň. Tüwi ýumşak bolmanka çorba gutarsa, gyzgyn suw ulanyň. Taýýarlyk wagty 18-20 minut.

5. Risottony otdan çykaryň. Butterag ýa-da ýag goşup, tekiz bolýança garmaly. Derrew hyzmat et.

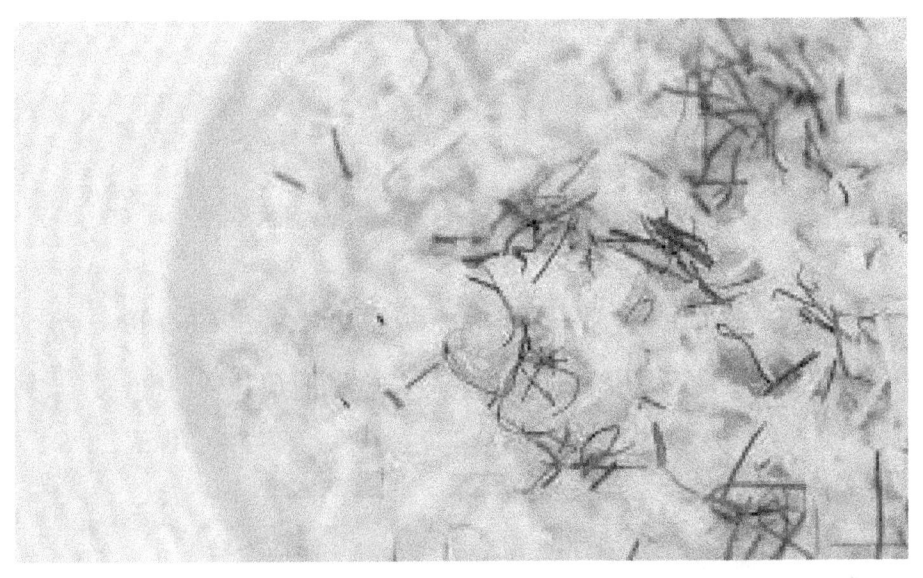

Risotto "deňziň miweleri" bilen

Deňiz miwesi bilen Risotto

4-6 nahar iýýär

Bu risotto üçin kiçijik gysgyçlar ýa-da gabyklar, hatda tuna ýaly berk balyklar hem goşulyp bilner. Bu reseptiň gelip çykan Wenetonyň aşpezleri "Vialone Nano" tüwi görnüşini gowy görýärler.

6 käse <u>Towuk çorbasy</u> ýa-da suw

6 nahar çemçesi zeýtun ýagy

2 nahar çemçesi dogralan täze petruşka

2 sany uly sarymsak, inçe kesilen

1/2 funt kalamari (skidid), 1-2 dýuým halkalara we aşaky böleklere kesilen çadyrlar (seret) <u>Sekiz oty (oktopus) arassalamak)</u>

1/4 funt karides, arassalanan we dezinirlenen we 1-2 dýuým böleklere bölünýär

1 1-2 dýuým böleklere bölünen /4 funt gabyk

Duz

ýer gyzyl burç tozy

1 orta sogan, inçe kesilen

Arborio, Karnaroli ýa-da Vialone Nano ýaly 2 stakan orta däne tüwi

1 1/2 stakan gury ak şerap

1 käse gabykly, dogralan we dogralan pomidor

1. Gerek bolsa çorbany taýýarlaň. Sarymsak we petruşka bilen 3 çemçe ýagy giň we galyň gazanda goýuň. Sarymsak ýumşak we altyn bolýança, 2 minut töweregi orta otda bişirmeli. Deňiz önümleriniň hemmesini, tagamyna duz we gyzyl burç goşup, kalamari aç-açan bolýança, takmynan 5 minut bişirmeli.

eremek. Gabykly balygy çemçe bilen tabaga çykaryň. Towuga ätiýaçlyk gaby goşup, gaýnadyň. Risotto bişireniňizde ätiýaçlygy gaty pes otda saklaň.

3. Orta otda uly gazanda, soganlygy galan 3 nahar çemçesi ýagda gyzarýança 10 minut töweregi bişirmeli.

Dört. Tüwi goşup, agaç çemçe bilen garmaly, 2 minut töweregi gyzdyrýança bişirmeli. Şeraby goşuň. Suwuklygyň köp bölegi sorulýança bişiriň. 1-2 stakan gyzgyn ätiýaç goşuň we suwuklyk siňýänçä garmaly. Her goşundydan soň garyşdyryp, bir gezek 1-2 stakan goşmagy dowam ediň. Suwuklyk çalt gaýnar ýaly ýylylygy sazlaň, ýöne tüwi gazana ýapyşmaz. Nahar bişirmegiň ýarysyna çenli pomidor we duz goşuň.

5. Tüwi ýumşak bolýança, dişlemäge berk we risotto kremli bolýança ulanyň. Taýýar bolmagyňyzy pikir ediniňizde, dänäni synap görüň. Taýýar däl bolsaňyz, bir minutdan soň synagy täzeden synap görüň. Tüwi ýumşak bolmanka çorba gutarsa, gyzgyn suw ulanyň. Taýýarlyk wagty 18-20 minut.

6. Gazana gabyk balygyny goşuň we ýene 1 minut bişirmeli. Risotto panany otdan çykaryň. Derrew hyzmat et.

Guzyny kartoşka, sarymsak we bibariya bilen gowurmaly

Agnello al Forno

6 nahar taýýarlaýar

Italýanlar bu guzyny gowy ýerine ýetirerdiler, ýöne meniň pikirimçe, derrew termometrde takmynan 130 ° F bolan orta seýrek bolanda has tagamly bolýar. Guzy gowrulandan soň dynç alyň, şireleriň etiň merkezine gaýdyp gelmegi mümkin.

1 dýuým böleklere bölünen 6 sany maksatly kartoşka

3 nahar çemçesi zeýtun ýagy

Duz we täze ýer gara burç

Gyrylan 1 guzy, kesilen (takmynan 5 1/2 funt)

6 sany sarymsak, inçe kesilen

2 nahar çemçesi täze dogralan bibariýa

1. Peçiň ortasyna raf goýuň. Peçini 350 ° F çenli gyzdyryň. Kartoşkany eti we kartoşkany köp saklamazdan ýeterlik derejede bişirilýän tabaga goýuň. Tagamy üçin ýag, duz we burç bilen garmaly.

eremek. Guzynyň üstünde ownuk pyçak bilen ownuk kesiň. Sarymsagyň we bibiniň bir bölegini kartoşka üçin ätiýaçda goýuň. Eti duz we burç bilen sahylyk bilen sepiň. Kartoşkany aýryň we eti, ýagly tarapyny goşuň.

3. Gazany ojakda goýuň we 30 minut bişirmeli. Kartoşkany öwüriň. Goşmaça 30-55 minut gowurmaly ýa-da etiň iň galyň bölegine süňkden uzakda goýlan dessine okalýan termometrde içki temperatura 130 ° F okaýança gowurmaly. Gazany ojakdan çykaryň we guzyny kesiş tagtasyna geçiriň. Eti alýumin folga bilen ýapyň. Dilimlemezden azyndan 15 minut oturyň.

Dört. Kartoşkany ýiti pyçak bilen dürtmek üçin barlaň. Olara has köp nahar gerek bolsa, ojagy 400 ° F çenli gyzdyryň. Gazany ojakda goýuň we ýumşaýança bişirmeli.

5. Guzyny dilimläň we kartoşka bilen gyzgyn hyzmat ediň.

Limon, otlar we sarymsak bilen guzynyň aýagy

agnello stakato

6 nahar taýýarlaýar

Bu guzynyň gowurmagy üçin reyhan, nan, sarymsak we limon tagamy. Peçde bir gezek etmeli köp zat ýok. Bu kiçijik agşamlyk ýa-da ýekşenbe agşamlyk nahary üçin ajaýyp tagam. Isleseňiz, gazana kartoşka, käşir, şalgam ýa-da beýleki kök gök önümleri goşuň.

Guzynyň 1 aýagy, inçe dilimlenen (takmynan 3 kg)

2 sany sarymsak

2 nahar çemçesi täze dogralan reyhan

1 nahar çemçesi dogralan täze nan

1/4 käse täze grated Pecorino Romano ýa-da Parmigiano-Reggiano

1 çaý çemçesi limon gabygy

1 1/2 çaý çemçesi guradylan oregano

Duz we täze ýer gara burç

2 nahar çemçesi zeýtun ýagy

1.Peçiň ortasyna raf goýuň. Peçini 425 ° F çenli gyzdyryň.

eremek. Sarymsagy, reyhan we nanany inçejik edip kesiň. Ownuk tabakda garyndyny peýnir, limon zesti we oregano bilen garmaly. Tagamy üçin 1 çaý çemçesi duz we täze ýer burçuny goşuň. Ownuk pyçak ulanyp, etiň hemme ýerinde 3-4 dýuým çuňlukda kesiň. Her deşikde ösümlik garyndysyndan azajyk goýuň. Theagy etiň üstüne sürtüň. 15 minut gowurmaly.

3.Heatylylygy 350 ° F çenli peseldiň. Anotherene bir sagat gowurmaly ýa-da et seýrek bolýança we içki temperatura 130 ° F-a ýetýänçä, iň galyň bölegine salnan, ýöne süňküňize degmeýän dessine okalýan termometrde.

Dört. Guzyny ojakdan çykaryň we kesiş tagtasyna geçiriň. Guzyny alýumin folga bilen ýapyň we dilimlemezden 15 minut dynç alyň. Gyzgyn berilýär.

Gaýnadylan guzy bilen doldurylan kädi

Bişen gök

6 nahar taýýarlaýar

Guzynyň bir aýagy märekäni iýmitlendirýär, ýöne kiçijik nahardan soň köplenç galyndylarym bolýar. Soň bolsa bu tagamly doldurylan kädi ýasaýaryn. Bişirilen etiň ýa-da guşuň beýleki görnüşlerini çalşyp bolar.

2-3 dilim (galyňlygy 1-2 dýuým) italýan çöregi

1 1/4 käse süýt

1 kilo gaýnadylan guzy

2 sany uly ýumurtga

2 nahar çemçesi dogralan täze petruşka

2 sany sarymsak, inçe kesilen

1/2 käse täze grated Pecorino Romano ýa-da Parmigiano-Reggiano

Duz we täze ýer gara burç

6 sany orta gök, ýuwuldy we kesildi

2 stakan pomidor sousy, meselemmarinara sousy

1. Peçiň ortasyna raf goýuň. Peçini 425 ° F çenli gyzdyryň, 13 × 9 × 2 dýuým çörek bişiriň.

eremek. Çöregiň gabygyny aýyryň we çöregi böleklere bölüň. (Takmynan 1 käse içmeli.) Bölekleri orta gaba goýuň, süýdüň içine guýuň we guýuň.

3. Eti iýmit prosessorynda gaty inçe kesiň. Uly tabaga geçiriň. Eggsumurtga, petruşka, sarymsak, siňdirilen çörek, 1-2 stakan peýnir, tagam üçin duz we burç goşuň. Gowy garmaly.

Dört. Zekini ýarym uzynlykda kesiň. Tohumlary gyryň. Gawuny et garyndysy bilen dolduryň. Gawuny gazanyň gapdalynda tertipläň. Sousy döküň we galan peýniri sepiň.

5. 35-40 minut bişirmeli ýa-da doldurgyç bişýänçä we gök önüm ýumşak bolýança bişirmeli. Warmyly ýa-da otag temperaturasynda hyzmat ediň.

Ak şerap we otlar bilen towşan

Coniglio ak şerap

4 nahar taýýarlaýar

Bu, gara ýa-da ýaşyl zeýtun ýa-da beýleki otlary goşup dürli-dürli bolup bilýän Ligurian towşan reseptidir. Bu sebitdäki aşpezler towşany dürli usullar bilen, şol sanda sosna hozy, kömelek ýa-da artokok bilen taýýarlaýarlar.

8 bölege bölünen 1 towşan (21-23 funt)

Duz we täze ýer gara burç

3 nahar çemçesi zeýtun ýagy

1 ownuk sogan, inçe kesilen

1 1/2 käse inçejik dogralan käşir

1 1/2 käse inçejik dogralan selderýa

1 nahar çemçesi dogralan täze bibariýa ýapraklary

1 çaý çemçesi täze dogralan kekik

1 aýlaw ýapragy

1 1/2 stakan gury ak şerap

1 käse towuk çorbasy

1. Towşan bölekJerini ýuwuň we aşhana kagyzy bilen guradyň. Duz we burç sepiň.

eremek. Uly skletde ýagy orta otda gyzdyryň. Towşan we goňur taraplary 15 minut töweregi goşuň.

3. Towşan bölekleriniň töweregine sogan, käşir, selderýa we otlary ýaýradyň we sogan ýumşaýança 5 minut töweregi bişirmeli.

Dört. Şeraby goşup, gaýnadyň. Suwuklygyň köp bölegi buglanýança, 2 minut töweregi bişirmeli. Çorba goşup, gaýnadyň. Heatylylygy peseldiň. Gazany ýapyň we bişiriň, towşany kämahal dilim bilen öwrüň, çeňňek bilen deşilýänçä, 30 minut töweregi.

5. Towşany hyzmat edýän tabaga geçiriň. Gaplaň we ýyly saklaň. Heatylylygy ýokarlandyryň we gazanyň içindäki zatlary

azalýança we galyň bolýança 2 minut töweregi bişirmeli. Aýlag ýapragyny taşlaň.

6.Gazanyň içindäki zatlary towşanyň üstüne döküň we derrew hyzmat ediň.

Zeýtun bilen towşan

Coniglio alla Stimperata

4 nahar taýýarlaýar

Gyzyl burç, ýaşyl zeýtun we ýapraklar bu Sisiliýaly towşan tagamyny dadýar. Alla stimperata termini, manysy belli bolmasa-da, dürli Sisiliýanyň reseptlerinde ulanylýar. Bu, "eremek, eritmek ýa-da garyşdyrmak" manysyny berýän we towşan bişirip otyrka gazana suw goşmagy aňladýan samsyklykdan gelip biler.

8 bölege bölünen 1 towşan (21-23 funt)

1 1/4 käse zeýtun ýagy

3 sany ownuk sarymsak

1 käse gök zeýtun guýdy, ýuwuldy we guradyldy

Inçe zolaklara bölünen 2 gyzyl burç

1 nahar çemçesi gapak, pancake

bir çümmük oregano

Duz we täze ýer gara burç

2 nahar çemçesi ak şerap sirkesi

1 1/2 käse suw

1.Towşan bölekerini ýuwuň we aşhana kagyzy bilen guradyň.

eremek.Uly skletde ýagy orta otda gyzdyryň. Towşan goşuň we bölekleri her tarapdan gowy goňur, takmynan 15 minut. Towşan böleklerini tabaga geçiriň.

3.Gazana sarymsak goşup, 1 minut bişirmeli. Zeýtun, burç, kepir we oregano goşuň. 2 minut bişirmeli.

Dört.Towşany gazana salyň. Dadyp görmek üçin duz we burç bilen möwsüm. Sirke we suw goşup, gaýnadyň. Heatylylygy peseldiň. 30 minut töweregi çeňňek bilen deşilýänçä, towşany wagtal-wagtal öwrüp, bişiriň. Suwuklyk bugarsa azajyk suw goşuň. Hyzmat edýän tabaga geçiriň we ýyly hyzmat ediň.

Towşan, Porçetta stili

Porçetta

4 nahar taýýarlaýar

Doňuz etini bişirmek üçin ulanylýan ysly zatlaryň birleşmegi şeýle bir tagamly welin, aşpezler ony bişirmek üçin has amatly beýleki etlere uýgunlaşdyrdylar. Marş sebitinde ýabany şüweleň ulanylýar, ýöne guradylan arpabyr tohumlaryny çalşyp bolýar.

8 bölege bölünen 1 towşan (21-23 funt)

Duz we täze ýer gara burç

2 nahar çemçesi zeýtun ýagy

2 unsiýa doňuz

3 sany sarymsak, inçe kesilen

2 nahar çemçesi täze dogralan bibariýa

1 nahar çemçesi arpabyr tohumy

2 ýa-da 3 adaty ýaprak

1 aýlaw ýapragy

1 käse gury ak şerap

1 1/2 käse suw

1. Towşan böleklerini ýuwuň we aşhana kagyzy bilen guradyň. Duz we burç sepiň.

eremek. Towşan böleklerini bir gatlakda saklamak üçin ýeterlik uly gazanda, ýagy orta otda gyzdyryň. Gazanda bölekleri tertipläň. Bekony hemme ýere ýaýlaň. Towşan bir tarapa gyzarýança, takmynan 8 minut bişirmeli.

3. Towşan öwüriň we ähli tarapyna sarymsak, bibariya, şüweleň, adaty we ýaprak ýapraklaryny sepiň. Haçan-da towşan beýleki tarapdan goňur bolsa, takmynan. 7 minut, şeraby goşuň we gazanyň düýbüni süzüň. Şeraby 1 minut gaýnatmaly.

Dört. Towşan gaty ýumşak bolýança we süňkden gaçýança, eti wagtal-wagtal öwrüp, 30 minut töweregi bişiriň. (Tabak gaty gurasa, azajyk suw goşuň.)

5. Aýlag ýapragyny taşlaň. Towşany hyzmat edýän tabaga geçiriň we gazanyň şireleri bilen ýyly hyzmat ediň.

Pomidor bilen towşan

Coniglio alla Ciociara

4 nahar taýýarlaýar

Rimiň daşynda ýerleşýän Ciociara sebitinde, tagamly tagamlary bilen tanalýan towşan pomidor we ak şerap sousunda bişirilýär.

8 bölege bölünen 1 towşan (21-23 funt)

2 nahar çemçesi zeýtun ýagy

2 unsi pancetta, galyň dilimlenen we ownuk

2 nahar çemçesi dogralan täze petruşka

1 sarymsak, biraz ezilen

Duz we täze ýer gara burç

1 käse gury ak şerap

2 stakan erik pomidor, gabykly, dogralan we dogralan

1. Towşan böleklerini ýuwuň, soňra kagyz polotensalary bilen guradyň. Oilagy uly gazanda orta otda gyzdyryň. Towşany

gazana goýuň, soňra pancetta, petruşka we sarymsak goşuň. Towşan her tarapdan gowy gyzýança, 15 minut töweregi bişirmeli. Duz we burç sepiň.

eremek. Sarymsagy gazandan çykaryň we taşlaň. Şeraby goşuň we 1 minut gaýnadyň.

3.Heatylylygy peseldiň. Pomidor goşuň, soňra towşan ýumşak we süňkden gaçýança 30 minut töweregi bişirmeli.

Dört. Towşany hyzmat edýän tabaga geçiriň we sous bilen ýyly hyzmat ediň.

Süýji we turşy bişirilen towşan

Agrodolce-de Coniglio

4 nahar taýýarlaýar

Sisiliýalylar azyndan iki ýüz ýyl dowam eden adanyň Muruş dolandyryşynyň mirasy bolan süýjüligi bilen tanalýarlar. Kişmiş, şeker we sirke bu towşana azajyk süýji we turş tagam berýär.

8 bölege bölünen 1 towşan (21-23 funt)

2 nahar çemçesi zeýtun ýagy

2 unsi galyň kesilen doňuz, ownuk

1 orta sogan, inçe kesilen

Duz we täze ýer gara burç

1 käse gury ak şerap

2 sany gyrgyç

1 aýlaw ýapragy

1 käse sygyr ýa-da towuk çorbasy

1 çemçe şeker

1 1/4 käse ak şerap sirkesi

2 nahar çemçesi kişmiş

2 nahar çemçesi sosna hozy

2 nahar çemçesi dogralan täze petruşka

1. Towşan böleklerini ýuwuň, soňra kagyz polotensalary bilen guradyň. Uly skeletde, ýag we pancetta orta otda 5 minut gyzdyryň. Towşan goşuň we gyzarýança bir tarapa, takmynan 8 minut bişirmeli. Towşan böleklerini dilim bilen öwüriň we soganlygy her tarapa paýlaň. Duz we burç sepiň.

eremek. Şerap, ýorunja we aýlag ýapraklaryny goşuň. Suwuklygy gaýnadyň we şerabyň köp bölegi buglanýança bişirmeli, takmynan 2 minut. Aksiýany goşuň we tabagy ýapyň. Heatylylygy peseldiň we towşan ýumşak bolýança 30-55 minut bişirmeli.

3. Towşan böleklerini tabaga geçiriň. (Köp suwuklyk galan bolsa, azalýança ýokary otda bişirmeli.) Şeker, sirke, kişmiş

we sosna hozy goşuň. Şeker erýänçä, 1 minut töweregi garmaly.

Dört. Towşany tabaga gaýdyp, sousdaky bölekleri öwrüp, gowy örtülýänçä, takmynan 5 minut bişirmeli. Petruşkany goşuň we gazanyň şireleri bilen gyzgyn hyzmat ediň.

Towşan kartoşka bilen gowurmaly

Coniglio Arrosto

4 nahar taýýarlaýar

Dostum Dora Marzowilanyň öýünde, ýekşenbe güni agşamlyk nahary ýa-da aýratyn dabaraly nahar, köplenç artokok ýürekleri ýa-da asparagus ýaly çişirilen we näzik gowrulan gök önümler bilen başlaýar, soňundan oreçiette ýa-da bugda ýasalan kawatelli bilen ownuk-uşak taýýarlanan tagamly çörek bilen başlaýar. Kömelek. Puglýanyň Rutiglianodan gelen Dora ajaýyp aşpez we esasy kurs hökmünde hyzmat edýän bu towşan tagamy, bu hünärleriň biridir.

8 bölege bölünen 1 towşan (21-23 funt)

1 1/4 käse zeýtun ýagy

1 orta sogan, inçe kesilen

2 nahar çemçesi dogralan täze petruşka

1Cup2 käse gury şerap

Duz we täze ýer gara burç

4 sany orta maksatly kartoşka, gabykly we 1 dýuým kublara kesilen

¹1/2 käse suw

¹1/2 çaý çemçesi oregano

1.Towşan böleklerini ýuwuň we aşhana kagyzy bilen guradyň. Uly skeletde orta otda iki nahar çemçesi ýag gyzdyryň. Towşan, sogan we petruşka goşuň. Bölekleri wagtal-wagtal öwrüp, ýeňil gyzarýança, 15 minut töweregi bişiriň. Şeraba goşuň we ýene 5 minut bişirmeli. Duz we burç sepiň.

eremek. Peçiň ortasyna raf goýuň. Peçini 425 ° F çenli gyzdyryň, ähli maddalary bir gatlakda saklamak üçin ýeterlik uly panany ýaglaň.

3.Gazanda kartoşkany ýaýradyň we galan 2 nahar çemçesi ýag bilen zyňyň. Gazanyň içindäki zatlary goşuň we towşan böleklerini kartoşkanyň töweregine goýuň. Suw goşuň. Oregano, duz we burç sepiň. Tarelini alýumin folga bilen ýapyň. 30 minut gowurmaly. Coverapyp, ýene 20 minut bişirmeli ýa-da kartoşka ýumşaýança bişirmeli.

Dört. Hyzmat edýän tabaga geçiriň. Gyzgyn berilýär.

marinirlenen artikoklar

Marinirlenen Artikoklar

6-dan 8-e çenli nahar taýýarlaýar

Bu artişoklar salatlarda ajaýyp, ýakymly ýa-da antipasto assortimentiniň bir bölegi hökmünde ajaýyp. Artişoklary azyndan iki hepde sowadyjyda saklap bolýar.

Çaga artikoklaryňyz ýok bolsa, sekiz kubikde kesilen orta ölçegli artokoklary çalşyň.

1 käse ak şerap sirkesi

2 käse suw

1 aýlaw ýapragy

1 sany sarymsak

8-den 12-e çenli çaga artikoklary, kesilen we dörän (serTutuş artikoklary taýýarlamak)

ýer gyzyl burç tozy

Duz

Artykmaç zeýtun ýagy

1. Uly gazanda sirke, suw, aýlaw ýapragy we sarymsagy birleşdiriň. Suwuklygy gaýnadyň.

eremek. Dadyp görmek üçin artokok, ezilen gyzyl burç we duz goşuň. Pyçak bilen deşilençä, 7-10 minut bişirmeli. Otdan çykaryň. Gazanyň içindäki zatlary inçejik elekden bir tabaga guýuň. Suwuklygy saklaň.

3. Artikoklary sterilizasiýa edilen bankalara salyň. Coverapmak üçin nahar suwuklygyna guýuň. Doly sowasyn. Iň azyndan 24 sagat ýa-da 2 hepde çenli ýapyň we sowadyň.

Dört. Hyzmat etmek üçin artikoklary süzüň we ýag bilen zyňyň.

Rim artikoklary

Artichokes alla Romana

8 nahar taýýarlaýar

Rimdäki kiçi fermalar ýaz we güýz aýlarynda köp sanly artikok öndürýärler. Kiçijik ýük awtoulaglary olary burç bazarlaryna eltýärler, şol ýerde göni ýük awtoulagynyň arkasyndan satylýar. Artişoklaryň uzyn baldaklary we ýapraklary bar, sebäbi baldaklary gabykda iýmek gowy. Rimliler baldagy bilen artokok bişirýärdiler. Hyzmat ediş tabagyna ýerleşdirilende gaty özüne çekiji görünýär.

2 sany uly sarymsak, inçe kesilen

2 nahar çemçesi dogralan täze petruşka

1 nahar çemçesi dogralan täze nan ýa-da 1-2 çaý çemçesi guradylan marjoram

Duz we täze ýer gara burç

1 1/4 käse zeýtun ýagy

Doldurylmaga taýýar 8 sany orta ölçegli artikok (serTutuş artikoklary taýýarlamak)

$1$1/2 stakan gury ak şerap

1. Ownuk tabakda sarymsak, petruşka we nan ýa-da marjoramy garmaly. Tagamyna duz we burç goşuň. 1 nahar çemçesi ýag goşuň.

eremek. Artişok ýapraklaryny seresaplylyk bilen ýaýradyň we sarymsak garyndysynyň bir bölegini merkeze iteklän. Artykoklary doldurmak üçin ýeňil çümdüriň, baldaklaryny dik durmak üçin ýeterlik uly gapda goýuň. Şeraby artikoklaryň töweregine guýuň. 3/4 dýuým çuňluga suw goşuň. Galan ýagy artikoklaryň üstüne çalyň.

3. Gazanyň gapagyny ýapyň we suwuklygy orta otda gaýnadyň. Pyçak bilen deşilende 45 minut gaýnadyň ýa-da artişoklar ýumşak bolýança. Warmyly ýa-da otag temperaturasynda hyzmat ediň.

gaýnadylan artikoklar

Stew artikoklary

8 nahar taýýarlaýar

Artişok tiken maşgalasynyň agzalary bolup, gysga, gyrymsy ösümliklerde ösýär. Italiýanyň günortasyndaky köp ýerlerde duş gelýär we köp adam olary öz baglarynda ösdürýär. Artişok aslynda açylmadyk gül. Gaty uly artikoklar gyrymsylygyň ýokarsynda ösýär, kiçisi bolsa düýbüniň golaýynda ösýär. Köplenç towuk artikoklary diýlip atlandyrylýan ownuk artikoklar nahar bişirmek üçin amatlydyr. Olary has uly artokok ýaly bişirmek üçin taýýarlaň. Süýji batareýanyň gurluşy we tagamy esasanam balyk bilen oňatdyr.

1 ownuk sogan, inçe kesilen

1 1/4 käse zeýtun ýagy

1 sarymsak, inçe kesilen

2 nahar çemçesi dogralan täze petruşka

2 kg çagaartokok, kesmek we jedel etmek

1 1/2 käse suw

Duz we täze ýer gara burç

1. Uly gazanda, 10 minut töweregi ýumşaýança, orta otda ýagda sogan atmaly. Sarymsak we petruşka goşuň.

eremek. Gazana artikoklary goşuň we gowy garmaly. Tagamy üçin suw, duz we burç goşuň. 15 minut töweregi pyçak bilen deşilende artikoklar ýumşak bolýança ýapyň we gaýnadyň. Warmyly ýa-da otag temperaturasynda hyzmat ediň.

Üýtgeşiklik: 2-nji ädimde, sogan bilen birlikde 3 sany orta kartoşka goşuň, gabykly we 1 dýuým kublara bölüň.

Artişok, ýewreý stili

Artichokes alla Giudia

4 nahar taýýarlaýar

Jewsewreýler ilkinji gezek beöň I asyrda Rime gelipdirler. Tiber derýasynyň golaýynda mesgen tutdular we 1556-njy ýylda Rim papasy Paul IV tarapyndan diwarly gettoda tussag edildi. Köpüsi garypdy we kod, kädi we artokok ýaly ýönekeý we arzan iýmitlerden halas boldy. Getto diwarlary XIX asyryň ortalarynda ýykylanda, Rimdäki ýewreýler beýleki rimlilerden tapawutlanýan nahar bişirmek usulyny ösdüripdirler. Häzirki wagtda gowrulan doňdurylan gül ýaly ýewreý iýmitleri, Gnocchi irmik bilenwe bu artikoklar rim klassikleri hasaplanýar.

Rimiň ýewreý kwartaly henizem bar we bu nahar bişirmek usulyny synap boljak gowy restoranlar bar. Iki halaýan trattori Piperno we Da Giggetto-da bu gowrulan artikoklara köp duz bilen gyzgyn berilýär. Leavesapraklary kartoşka çipleri ýaly gysylýar. Nahar bişireniňizde konus ýarylar, şonuň üçin peçden uzak duruň we elleriňizi goraň.

4 sany araçyartokokdoldurmak üçin taýýarlandy

Zeýtun ýagy

Duz

1. Artokoky guradyň. Artokokyň aşaky tarapyny tekiz ýerde goýuň. Ony tekizlemek we ýapraklaryny açmak üçin artokoky eliňiz bilen basyň. Artikoklaryň galan bölekleri bilen gaýtalaň. Leavesapraklaryň uçlary ýokaryk galar ýaly edip öwüriň.

eremek. Uly, çuň skeletde ýa-da giň, agyr gazanda, artikok ýapragy ýagda ulalýança we goňur bolýança orta otda 2 dýuým zeýtun ýagyny gyzdyryň. Eliňizi peç bilen goraň, sebäbi artokok çyg bolsa, ýag tüýkürip we ýaryp biler. Yapraklaryň uçlary bilen artokok goşuň. Oilagdaky artokoklary ownuk çemçe bilen basyp, bir tarapa gyzarýança 10 minut töweregi bişiriň. Dişleri ulanyp, artikoklary ýuwaşlyk bilen öwüriň we gyzarýança 10 minut töweregi bişirmeli.

3. Aşhana kagyzyna suw guýuň. Duz sepiň we derrew hyzmat ediň.

Rumyniýanyň bahar gök önümleri

Vignarola

4-6 nahar iýýär

Italýanlar pasyllar bilen örän sazlaşykly, ilkinji bahar gülleriniň gelmegi gyşyň gutandygyny we ýakyn wagtda yssy howanyň gaýdyp geljekdigini görkezýär. Baýramçylyk etmek üçin rimliler bu täze bahar gök önüm tagamynyň artikoklary bilen esasy sapak hökmünde iýýärler.

4 unsi dilimlenen pancetta, dogralan

1 1/4 käse zeýtun ýagy

1 orta sogan, dogralan

4 sany araçyartokok, kesmek we jedel etmek

1 funt täze noýba, gabykly ýa-da 1 käse noýba ýa-da doňdurylan noýba ýerine

1-2 käse Towuk çorbasy

Duz we täze ýer gara burç

1 funt täze nohut, gabykly (takmynan 1 käse)

2 nahar çemçesi dogralan täze petruşka

1. Uly tabakda pancetta ýagda orta otda bişirmeli. Pancetta goňur bolýança, 5 minut köplenç garmaly. Sogan goşup, altyna çenli bişirmeli, takmynan 10 minut.

eremek. Dadyp görmek üçin artokok, fava noýbasy, ätiýaçlyk, duz we burç goşuň. Heatylylygy azaldyň. 10 minut ýapyň we pyçak bilen deşilende artikoklar ýumşak bolýança bişiriň. Nohut we petruşka goşup, ýene 5 minut bişirmeli. Warmyly ýa-da otag temperaturasynda hyzmat ediň.

Ysgynsyz artikok ýürekler

Artikok Fritti

6-dan 8-e çenli nahar taýýarlaýar

Amerikanyň Birleşen Ştatlarynda artikok esasan Kaliforniýada ösdürilip ýetişdirilýär we bu ýerde ilkinji gezek 20-nji asyryň başynda italýan immigrantlary tarapyndan ekildi. Dürli görnüşler Italiýadakylardan tapawutlanýar we saýlananda köplenç gaty bişýär, käwagt olary gaty we agaçly edýär. Doňdurylan artokok ýürekleri gaty gowy bolup, köp wagt tygşytlap biler. Käwagt olary bu resept üçin ulanýaryn. Bişen artokok ýürekleri guzy çorbasy ýa-da işdäaçar ýaly tagamly.

12 çagaartokok, kesilen we dörän ýa-da paket görkezmelerine görä ýeňil bişirilen doňdurylan artokok ýürekleri 2 (10 unsiýa) paket

3 sany uly ýumurtga

Duz

2 käse gury çörek bölekleri

gowurmak üçin ýag

Limon dilimleri

1.Täze ýa-da bişirilen guradylan artikoklar. Orta, ýalpak gapda, ýumurtgalary dadyp görmek üçin duz bilen çaýlaň. Çörek böleklerini mum kagyzynyň bir bölegine ýaýlaň.

eremek.Çörek bişirilýän ýeriň üstünde sowadyjy gap goýuň. Artikoklary ýumurtga garyndysyna batyryň, soňra çörek böleklerine oklaň. Artikoklary bişirmezden azyndan 15 minut guratmak üçin panjara ýerleşdiriň.

3.Aşhana kagyzy bilen tarelka çyzyň. Uly, agyr skeletde 1 dýuým çuňluga ýag guýuň. Eggumurtga garyndysynyň ululygyna çenli ýagy gyzdyryň. Köp adam bolmazdan, gazanyň içine rahat ýerleşdirmek üçin ýeterlik artikok goşuň. Bölekleri dodak bilen öwrüp, gyzarýança, takmynan 4 minut bişirmeli. Aşhana kagyzyna suw guýuň we galan artokok gowrulanda, zerur bolsa böleklere bölüň.

Dört. Duz sepiň we limon dilimleri bilen gyzgyn hyzmat ediň.

Doldurylan artikoklar

Artikok Ripieni

8 nahar taýýarlaýar

Ejemiň elmydama artikok ýasaýşy şeýle: Italiýanyň günortasynda bu ajaýyp tagam. Artişoklary möwsümlemek we tagamyny çykarmak üçin ýeterlik zat bar. Artykmaç doldurmak artokoky gaty we agyr edýär, şonuň üçin çörek bölekleriniň mukdaryny köpeltmäň we iň bolmanda gowy hilli çörek böleklerini ulanyň. Artişoklary öňünden ýasap, otag temperaturasynda hödürläp bolýar ýa-da ýyly we täze iýip bolýar.

8 ortaartokokdoldurmaga taýyn

³Cup⁴ stakan gury çörek bölekleri

¹1/4 käse dogralan täze petruşka

1/4 käse täze grated Pecorino Romano ýa-da Parmigiano-Reggiano

1 sarymsak, gaty inçe kesilen

Duz we täze ýer gara burç

Zeýtun ýagy

1.Artokokyň baldaklaryny inçe kesmek üçin uly aşpeziň pyçagyny ulanyň. Baldaklary çörek bölekleri, petruşka, peýnir, sarymsak, tagamy üçin duz we burç bilen uly gaba atyň. Gyrgyçlary deň derejede nemlendirmek üçin azajyk ýag goşuň we garmaly. Tagamlary synap görüň we sazlaň.

eremek. Sapraklary seresaplyk bilen bölüň. Artokokyň merkezini ýapraklaryň arasynda azajyk doldurgyç goşup, garyndy garyndysy bilen ýuwaşlyk bilen dolduryň. Doldurmaň.

3.Artikoklary dik durmak üçin ýeterlik giň gaba goýuň. Artikoklaryň töwereginde 3-4 dýuým çuňluga suw goşuň. Artikoklary 3 nahar çemçesi zeýtun ýagy bilen çalyň.

Dört. Gazany ýapyň we orta otda goýuň. Suw gaýnanda, ýylylygy azaldyň. Takmynan bişiriň. 40-50 minut (artikoklaryň ululygyna baglylykda) ýa-da pyçak bilen deşilende we ýaprak aňsatlyk bilen çykýança artokokyň düýbi ýumşak bolýança. Burnsanmazlygyň öňüni almak üçin goşmaça gyzgyn suw goşuň. Warmyly ýa-da otag temperaturasynda hyzmat ediň.

Sisiliýa stilinde doldurylan artokoklar

Artichokes alla Sisiliana

4 nahar taýýarlaýar

Sisiliýanyň yssy we gurak howasy artikoklary ösdürip ýetişdirmek üçin ajaýyp. Kümüşden ýasalan ýapraklary bolan ösümlikler gaty owadan we köp adamlar olary öý baglarynda bezeg gyrymsy agaçlary hökmünde ulanýarlar. Möwsümiň ahyrynda zawodyň galan artokoklary açyk bölünip, merkezdäki gyrmyzy we gamyşly doly bişen bokurdagy açýar.

Bu, Sisiliýanyň artokoklary doldurmagyň usuly, ondan has çylşyrymlyDoldurylan artikoklarlukmançylyk reseptleri. Gril bulyklaryndan ýa-da guzynyň bir böleginden öň birinji kurs hökmünde hödürlenýär.

4 sany araçyartokokdoldurmaga taýyn

1 1/2 stakan çörek bölekleri

4 sany ansi filesi, inçe kesilen

2 nahar çemçesi dogralan dogramaly gaplar

2 nahar çemçesi gowrulan sosna hozy

2 nahar çemçesi altyn kişmiş

2 nahar çemçesi dogralan täze petruşka

1 sany sarymsak, inçejik dogralan

Duz we täze ýer gara burç

4 nahar çemçesi zeýtun ýagy

1 1/2 stakan gury ak şerap

Suw

1. Çörek böleklerini, ansiýalary, kepirleri, sosna hozy, kişmiş, petruşka, sarymsak, duz we burç bilen orta gaba birleşdiriň. Iki nahar çemçesi ýag goşuň.

eremek. Sapraklary seresaplyk bilen bölüň. Artikoklary çörek garyndysy bilen arkaýyn dolduryň, ýapraklaryň arasynda birneme zatlar goşuň. Doldurmaň.

3. Artikoklary dik saklamak üçin ýeterlik uly gazana goýuň. Artikoklaryň töwereginde 3-4 dýuým çuňluga suw goşuň.

Galan 2 nahar çemçesi ýag bilen çalyň. Şeraby artikoklaryň töweregine guýuň.

Dört. Gazany ýapyň we orta otda goýuň. Suw gaýnanda, ýylylygy azaldyň. 40-50 minut gaýnadyň (artikoklaryň ululygyna baglylykda) ýa-da pyçak bilen deşilende we ýaprak aňsatlyk bilen çykýança artikokyň düýbi ýumşak bolýança gaýnadyň. Burnsanmazlygyň öňüni almak üçin goşmaça gyzgyn suw goşuň. Warmyly ýa-da otag temperaturasynda hyzmat ediň.

Asparagus "gazanda"

Padelladaky garaguş

4-6 nahar iýýär

Bu garaguş çalt gyzarýar. Isleseňiz ownuk sarymsak ýa-da täze otlar goşuň.

3 nahar çemçesi zeýtun ýagy

1 kilogram asparagus

Duz we täze ýer gara burç

2 nahar çemçesi dogralan täze petruşka

1. Asparagusyň düýbüni akdan ýaşyla üýtgedýän ýerinde kesiň. Asparagusy 2 dýuým böleklere bölüň.

eremek. Uly skletde ýagy orta otda gyzdyryň. Tagamyna asparagus, duz we burç goşuň. Oftenygy-ýygydan garmaly ýa-da asparagus az-owlak bolýança 5 minut bişirmeli.

3. Gazanyň gapagyny ýapyň we ýene 2 minut bişirmeli ýa-da asparagus ýumşak bolýança bişirmeli. Petruşkany goşuň we derrew hyzmat ediň.

Oilag we sirke bilen asparagus

Asparagus salady

4-6 nahar iýýär

Locallyerli ösdürilip ýetişdirilen ilkinji naýzalar ýazda peýda bolanyndan soň, uzak gyşda ösen işdäňi kanagatlandyrmak üçin olary şeýle we köp mukdarda taýýarlaýaryn. Tagamy siňdirmek üçin henizem ýyly bolsa, geýimdäki asparagusy zyňyň.

1 kilogram asparagus

Duz

1 1/4 käse goşmaça bakja zeýtun ýagy

1-2 nahar çemçesi gyzyl çakyr sirkesi

täze ýer gara burç

1. Asparagusyň düýbüni akdan ýaşyla üýtgedýän ýerinde kesiň. Uly gazanda gaýnatmak üçin takmynan 2 dýuým suw getiriň. Tagamy üçin asparagus we duz goşuň. Asparagus baldakdan göterilende birneme egilýänçä, 4-8 minut bişirmeli. Nahar bişirmek wagty garaguşyň galyňlygyna bagly bolar.

Asparagusy jüpdek bilen aýryň. Kagyz polotensalaryna suw guýuň we guradyň.

eremek. Uly, ýalpak tabakda ýag, sirke, bir çümmük duz we köp mukdarda burç birleşdiriň. Birleşýänçä vilka bilen uruň. Asparagus goşuň we örtülýänçä ýuwaşlyk bilen garmaly. Warmyly ýa-da otag temperaturasynda hyzmat ediň.

Limon ýagy bilen asparagus

Asparagus al eşek

4-6 nahar iýýär

Asparagus bişirilen bu esasy usul, ýumurtgadan başlap, balyga çenli hemme zat diýen ýaly gowy bolýar. Sarymsak üçin ýagda täze dogralan çaýlar, petruşka ýa-da reyhan goşuň.

1 kilogram asparagus

Duz

2 nahar çemçesi duzlanmadyk ýag, eredildi

1 nahar çemçesi täze limon suwy

täze ýer gara burç

1. Asparagusyň düýbüni akdan ýaşyla üýtgedýän ýerinde kesiň. Uly gazanda gaýnatmak üçin takmynan 2 dýuým suw getiriň. Tagamy üçin asparagus we duz goşuň. Asparagus baldakdan göterilende birneme egilýänçä, 4-8 minut bişirmeli. Nahar bişirmek wagty garaguşyň galyňlygyna bagly bolar.

Asparagusy jüpdek bilen aýryň. Olary aşhana kagyzyna sokuň we guradyň.

eremek. Tagtany arassalaň. Butterag goşup, ereýänçä orta otda, 1 minut töweregi bişirmeli. Limon suwuny goşuň. Asparagusy tabaga gaýtaryň. Burç sepiň we sous bilen örtmek üçin ýuwaşja zyňyň. Derrew hyzmat et.

Dürli souslar bilen asparagus

4-6 nahar iýýär

Gaýnadylan asparagus, dürli souslar bilen otag temperaturasynda ajaýyp hyzmat edýär. Agşamlyk nahary üçin amatly, sebäbi öňünden taýýarlanyp bilner. Olaryň galyň ýa-da inçe bolmagy möhüm däl, ýöne deň derejede bişirilmegi üçin deň ölçegdäki asparagus almaga synanyşyň.

   zeýtun ýagy bilen maýonez, mämişi maýonez ýa-da Greenaşyl sous

1 kilogram asparagus

Duz

1. Gerek bolsa sousy ýa-da sousy taýýarlaň. Soňra baldagyň düýbüni akdan ýaşyla üýtgedýän ýerinde kesiň.

eremek. Uly gazanda gaýnatmak üçin takmynan 2 dýuým suw getiriň. Tagamy üçin asparagus we duz goşuň. Asparagus baldakdan göterilende birneme egilýänçä, 4-8 minut bişirmeli. Nahar bişirmek wagty garaguşyň galyňlygyna bagly bolar.

3. Asparagusy jüpdek bilen aýryň. Olary aşhana kagyzyna sokuň we guradyň. Asparagusy otag temperaturasynda bir ýa-da birnäçe sous bilen hyzmat ediň.

Kepir we ýumurtga geýmek bilen asparagus

Kepirler we ýumurtga bilen asparagus

4-6 nahar iýýär

Trentino-Alto Adige we Wenetoda galyň ak garaguş baharyň dessurydyr. Olary gowurýarlar we gaýnadýarlar, risotto, çorbalara we salatlara goşýarlar. Eggumurtga sousy, limon şiresi, petruşka we kepir ýaly adaty bir ýakymlylykdyr.

1 kilogram asparagus

Duz

¹1/4 käse zeýtun ýagy

1 çaý çemçesi täze limon suwy

täze ýer burç

1 kub gaty gaýnadylan ýumurtga

2 nahar çemçesi dogralan täze petruşka

1 nahar çemçesi gapak, ýuwuň we guradyň

1. Asparagusyň düýbüni akdan ýaşyla üýtgedýän ýerinde kesiň. Uly gazanda gaýnatmak üçin takmynan 2 dýuým suw getiriň. Tagamy üçin asparagus we duz goşuň. Asparagus baldakdan göterilende birneme egilýänçä, 4-8 minut bişirmeli. Nahar bişirmek wagty garaguşyň galyňlygyna bagly bolar. Asparagusy jüpdek bilen aýryň. Olary aşhana kagyzyna sokuň we guradyň.

eremek. Ownuk tabakda ýag, limon suwy we bir çümmük duz we burç çaýlaň. Eggsumurtga, petruşka we kepir goşuň.

3. Asparagusy bir tabaga salyň we üstüne sous guýuň. Derrew hyzmat et.

Parmesan we ýag bilen asparagus

Asparagus alla Parmigiana

4-6 nahar iýýär

Käte dürli sebitlerde iýilse-de, käwagt asparagus alla Milanese (Milan görnüşli asparagus) diýilýär. Ak garaguş tapyp bilseňiz, bu bejergä aýratyn laýyk gelýär.

1 kilogram galyň asparagus

Duz

2 nahar çemçesi duzlanmadyk ýag

täze ýer gara burç

1Cup2 käse grated Parmigiano-Reggiano

1. Asparagusyň düýbüni akdan ýaşyla üýtgedýän ýerinde kesiň. Uly gazanda gaýnatmak üçin takmynan 2 dýuým suw getiriň. Tagamy üçin asparagus we duz goşuň. Asparagus baldakdan göterilende birneme egilýänçä, 4-8 minut bişirmeli. Nahar bişirmek wagty garaguşyň galyňlygyna bagly bolar.

Asparagusy jüpdek bilen aýryň. Olary aşhana kagyzyna sokuň we guradyň.

eremek. Peçiň ortasyna raf goýuň. Peçini 450 ° F çenli gyzdyryň. Ojakdan goraýan uly tabagy ýaglaň.

3. Asparagusy birneme gabat gelýän çörek bişirilýän gapda tertipläň. Butterag bilen çalyň we burç we peýnir sepiň.

Dört. 15 minut bişiriň ýa-da peýnir eräp, altyn bolýança bişiriň. Derrew hyzmat et.

Asparagus we prosciutto örtükleri

Fagottini di Asparagi

4 nahar taýýarlaýar

Heartürekden ýasalan tagam üçin käwagt her paketiň üstüne Fontina Valle d'Aosta, mozzarella ýa-da gowy ereýän başga bir peýnir bölekleri goşýaryn.

1 kilogram asparagus

Duz we täze ýer burç

Daşary ýurtdan getirilen 4 bölek italýan prosciutto

2 nahar çemçesi ýag

1Cup4 käse grated Parmigiano-Reggiano

1. Asparagusyň düýbüni akdan ýaşyla üýtgedýän ýerinde kesiň. Uly gazanda gaýnatmak üçin takmynan 2 dýuým suw getiriň. Tagamy üçin asparagus we duz goşuň. Asparagus baldakdan göterilende birneme egilýänçä, 4-8 minut bişirmeli. Nahar bişirmek wagty garaguşyň galyňlygyna bagly bolar.

Asparagusy jüpdek bilen aýryň. Kagyz polotensalaryna suw guýuň we guradyň.

eremek. Peçiň ortasyna raf goýuň. Peçini 350 ° F çenli gyzdyryň. Uly peç geçirmeýän tabagy ýaglaň.

3. Sarymsagy uly gazanda erediň. Kepjebaş goşup, duz we burç sepiň. Asparagusy ýag bilen örtülen ýaly iki spatula bilen seresaplyk bilen öwüriň.

Dört. Asparagusy 4 topara bölüň. Her klasteri Serrano hamamynyň bir diliminiň ortasyna goýuň. Asparagusy serrano hamamynyň ujy bilen örtüň. Paketleri çörek bişirilýän ýere goýuň. Parmigiano bilen sepiň.

5. Asparagusy 15 minut bişirmeli ýa-da peýnir eräp, gabyk emele gelýänçä bişirmeli. Gyzgyn berilýär.

gowrulan asparagus

Asparagus al Forno

4-6 nahar iýýär

Bişirmek garaguşy goňurlaýar we tebigy süýjüligini ýüze çykarýar. Et bişirmek üçin ajaýyp. Bişirilen eti peçden çykaryp, asparagus dynç alýan mahaly bişirip bilersiňiz. Bu resept üçin galyň asparagus ulanyň.

1 kilogram asparagus

1 1/4 käse zeýtun ýagy

Duz

1. Peçiň ortasyna raf goýuň. Peçini 450 ° F çenli gyzdyryň, asparagusyň düýbüni baldagyň akdan ýaşyla öwrülen ýerinde kesiň.

eremek. Asparagusy bir gatlakda saklar ýaly uly çörek bişirilýän kagyzda tertipläň. Oilag we duz bilen çalyň. Asparagusy ýag bilen örtmek üçin gapdaldan aýlaň.

3. 8-10 minut bişiriň ýa-da asparagus ýumşak bolýança bişiriň.

Zabagliondaky asparagus

Asparagus allo Zabaione

6 nahar taýýarlaýar

Zabaglione howaly ýumurtga saklaýjysy bolup, adatça desert üçin süýjüdirilýär. Bu ýagdaýda ýumurtga ak şerap bilen we şekersiz urulýar we asparagusyň üstünde hyzmat edilýär. Bu, bahar nahary üçin ajaýyp birinji kursy edýär. Asparagusy arassalamak islege bagly däl, ýöne asparagusyň ujundan başyna çenli näzik bolmagyny üpjün ediň.

1 1/2 funt asparagus

2 sany uly ýumurtga sarysy

1 1/4 käse gury ak şerap

Duz pyçagynyň ujy

1 nahar çemçesi duzlanmadyk ýag

1. Asparagusyň düýbüni akdan ýaşyla üýtgedýän ýerinde kesiň. Asparagusyň gabygyny gabamak üçin, ujunyň aşagyndan

başlaň we aýlawly gabyk bilen baldagyň ujuna çenli goýy ýaşyl derini aýyryň.

eremek. Uly gazanda gaýnatmak üçin takmynan 2 dýuým suw getiriň. Tagamy üçin asparagus we duz goşuň. Asparagus baldakdan göterilende birneme egilýançä, 4-8 minut bişirmeli. Nahar bişirmek wagty garaguşyň galyňlygyna bagly bolar. Asparagusy jüpdek bilen aýryň. Kagyz polotensalaryna suw guýuň we guradyň.

3. Gazanyň ýa-da çäýnegiň aşaky ýarysynda bir dýuým suw getirmeli. Eggumurtganyň sarysyny, çakyry we duzy bir marynyň üstünde ýa-da suwa degmän, gazanyň üstünden gaty gabat gelýän ýylylyk geçirmeýän gapda goýuň.

Dort. Eggumurtga garyndysyny birleşdir ýänçä çaýlaň, soňra gazany ýa-da tabagy gaýnag suwuň üstünde goýuň. Garyndynyň reňki açyk bolýança we urýanlar ýokary göterilende tekiz şekilli bolýança, elektrik eli mikser ýa-da pyçak bilen uruň. 5 minut. Birleşýänçä ýagda uruň.

5. Asparagusyň üstüne gyzgyn sous guýuň we derrew hyzmat ediň.

Talegjio we sosna hozy bilen asparagus

Talegjio we Pinoli bilen asparagus

6-dan 8-e çenli nahar taýýarlaýar

Pekden uzak bolmadyk ýerde, Milanyň meşhur gastronomiýasy (gurme iýmit dükany) Trattoriýa Milanesidir. Locallyyerli öndürilen we Italiýanyň iň gowy peýnirlerinden biri bolan tagamly, ýarym ýumşak, batareýa sygyr süýdüniň peýniri, talegji bilen örtülen bu asparagus ýaly ýönekeý, nusgawy Lombard tagamlaryny synap görmek üçin ajaýyp ýer. Talegjio ýok bolsa, Fontina ýa-da Bel Paese çalşyp bolar.

2 kilogram asparagus

Duz

2 nahar çemçesi duzlanmadyk ýag, eredildi

6 unsiýa talegjio, Fontina Valle d'Aosta ýa-da Bel Paese, ownuk böleklere bölünýär

1/4 käse dogralan sosna hozy ýa-da dilimlenen badam

1 nahar çemçesi çörek döwükleri

1. Peçiň ortasyna raf goýuň. Peçini 450 ° F çenli gyzdyryň, 13 × 9 × 2 dýuým çörek bişiriň.

eremek. Asparagusyň düýbüni akdan ýaşyla üýtgedýän ýerinde kesiň. Asparagusyň gabygyny gabamak üçin, ujunyň aşagyndan başlaň we aýlawly gabyk bilen baldagyň ujuna çenli goýy ýaşyl derini aýyryň.

3. Uly gazanda gaýnatmak üçin takmynan 2 dýuým suw getiriň. Tagamy üçin asparagus we duz goşuň. Asparagus baldakdan göterilende birneme egilýänçä, 4-8 minut bişirmeli. Nahar bişirmek wagty garaguşyň galyňlygyna bagly bolar. Asparagusy jüpdek bilen aýryň. Olary aşhana kagyzyna sokuň we guradyň.

Dört. Kepjäni çörek bişirilýän ýere goýuň. Butterag bilen çalyň. Peýniri asparagusyň üstüne ýaýlaň. Hoz we çörek bölekleri sepiň.

5. Peýnir eränçä we pecanlar altyn bolýança bişiriň, takmynan 15 minut. Gyzgyn berilýär.

asparagus timbale

Asparagus çökýär

6 nahar taýýarlaýar

Şular ýaly ýüpek kremler köne moda, ýöne köp italýan restoranlarynda meşhur bolup galýar, esasanam gaty tagamly bolany üçin. Islendik gök önüm diýen ýaly şeýle edilip bilner we bu kiçijik çarçuwalar wegetarian gap-gaç nahary, işdäaçar ýa-da esasy kurs üçin ajaýyp. Sformatini, sözme-söz "düzülmedik zatlar", ýönekeý görnüşde, pomidor sousy ýa-da peýnir bilen üpjün edilip ýa-da ýagda duzlanan gök önümler bilen gurşalan.

    1 käseBekamel sousy

1½ kg asparagus, dogralan

3 sany uly ýumurtga

1Cup4 käse grated Parmigiano-Reggiano

Duz we täze ýer gara burç

1. Zerur bolsa bechamel taýýarlaň. Uly gazanda gaýnatmak üçin takmynan 2 dýuým suw getiriň. Tagamy üçin asparagus we

duz goşuň. Asparagus baldakdan göterilende birneme egilýänçä, 4-8 minut bişirmeli. Nahar bişirmek wagty garaguşyň galyňlygyna bagly bolar. Asparagusy jüpdek bilen aýryň. Olary aşhana kagyzyna sokuň we guradyň. 6 ujuny kesiň we bir gapdalda goýuň.

eremek. Asparagusy iýmit prosessoryna salyň we ýumşaýança işlediň. Tagamy üçin ýumurtga, bechamel, peýnir, 1 çaý çemçesi duz we burç garmaly.

3. Peçiň ortasyna raf goýuň. Peçini 350 ° F çenli gyzdyryň, alty sany käse ýa-da 6 unsiýa ramekini sahylyk bilen ýaglaň. Asparagus garyndysyny käselere guýuň. Kuboklary uly tabaga goýuň we käseleriň iki gapdalyndan gazana gaýnag suw guýuň.

Dört. 50-60 minut bişiriň ýa-da merkeze salnan pyçak arassa çykýança bişiriň. Ramekinleri gazandan çykaryň we gyrasyna kiçijik pyçak işlediň. Ramekinleri tabaklara öwüriň. Reservedtiýaçlandyrylan asparagus maslahatlary bilen ýokary we ýyly hyzmat ediň.

Styleurt stilindäki noýba

Fasulye alla Paesana

10-12 nahar üçin takmynan 6 käse noýba ýasaýar

Bu noýba görnüşleriniň hemmesi üçin esasy bişirmek usulydyr. Dökülen noýba otag temperaturasynda otursa fermentläp biler, şonuň üçin men sowadyjy. Bişensoň, goşmaça gyzyl zeýtun ýagynyň ýagyşy ýaly hyzmat ediň ýa-da çorbalara ýa-da salatlara goşuň.

1 kilogram gök gül, kanellini ýa-da beýleki guradylan noýba

1 käşir, dilimlenen

Leavesaprakly selderiniň 1 sapagy

1 sogan

2 sany sarymsak

2 nahar çemçesi zeýtun ýagy

Duz

1. Fasuly ýuwuň we döwülen noýba ýa-da ownuk daşlary aýyrmak üçin alyň.

eremek. Fasuly 2 dýuým ýapmak üçin sowuk suw bilen uly tabaga goýuň. Bir gije 4 sagat sowadyň.

3. Fasuly döküň we 1 dýuým ýapmak üçin uly gazana sowuk suw guýuň. Suwy orta otda gaýnadyň. Heatylylygy peseldiň we ýokarsyna çykýan köpükden çykyň. Köpük ýokarlanmagyny bes edensoň, gök önümleri we zeýtun ýagyny goşuň.

Dört. Gazanyň gapagyny ýapyň we noýba gaty ýumşak we kremli bolýança, zerur bolsa has köp suw goşup, 11-2-2 sagat gaýnadyň. Tagamyna duz goşuň we takmynan 10 minut goýuň. Gök önümleri taşlaň. Warmyly ýa-da otag temperaturasynda hyzmat ediň.

Tuskan noýbasy

Nahar noýbasy

6 nahar taýýarlaýar

Toskanlar noýba aşhanasynyň ussatlarydyr. Guradylan baklaglary otlar bilen zordan köpüräk suwuklykda gaýnadyň. Uzyn, haýal bişirmek nahar bişirende şekilini saklaýan ýumşak, kremli noýba öndürýär.

Olaryň bişirilendigini ýa-da ýokdugyny anyklamak üçin elmydama birnäçe noýba dadyp görüň, sebäbi olaryň hemmesi bir wagtyň özünde bişmez. Nahar bişirilendigine göz ýetirmek üçin noýba bişirilenden soň biraz peçde oturmaga rugsat berýärin. Warmyly we ajaýyp gyzdyranda gowy bolýar.

Noýba gapdal nahary ýa-da çorbalar ýaly ajaýyp, ýa-da sarymsak bilen sürtülen we ýag bilen sepilen gyzgyn tostlanan italýan çöreginde synap görüň.

8 unsi guradylan kanellini, kepjebaş ýa-da beýleki noýba

1 sany sarymsak, ýeňil ownuk

6 sany täze adaty ýaprak ýa-da ownuk bibijan ýa-da 3 sany täze kekik

Duz

Artykmaç zeýtun ýagy

täze ýer gara burç

1.Fasuly ýuwuň we döwülen noýba ýa-da ownuk daşlary aýyrmak üçin alyň. Fasuly 2 dýuým ýapmak üçin sowuk suw bilen uly tabaga goýuň. Bir gije 4 sagat sowadyň.

eremek. Peçini 300 ° F-a çenli gyzdyryň, noýba guýuň we Gollandiýaly ojakda ýa-da berk ýapgyly beýleki çuň, agyr gazanda goýuň. 1 dýuým ýapmak üçin süýji suw goşuň. Sarymsak we adaçak goşuň. Pes otda gaýnadyň.

3.Gazanyň gapagyny ýapyň we ojagyň ortaky bölegine goýuň. Noýba gaty ýumşak bolýança, noýba görnüşine we ýaşyna baglylykda 1 sagat 15 minut ýa-da ondanam köp bişiriň. Fasuly ýapmak üçin has köp suwuň gerekdigini ýa-da ýokdugyny barlaň. Käbir noýba goşmaça 30 minut bişirmek wagtyny talap edip biler.

Dört. Fasuly synap görüň. Olar düýbünden ýumşak bolanda, tagamyna duz goşuň. Fasuly 10 minut dynç alyň. Oňa bir damja zeýtun ýagy we bir çümmük gara burç bilen gyzgyn berilýär.

noýba salady

Fagioli salady

4 nahar taýýarlaýar

Fasuly gyzgyn bolanda tagam bermek, tagamlary siňdirmäge kömek edýär.

2 nahar çemçesi goşmaça bakja zeýtun ýagy

2 nahar çemçesi täze limon suwy

Duz we täze ýer gara burç

2 stakan gyzgyn ýa-da konserwirlenen gyzgyn noýba, meselem, kanellini ýa-da kepderi noýbasy

1 kesilen sary burç

1 käse alça pomidor, ýarym ýa-da kwartal

1-2 dýuým böleklere bölünen 2 sany ýaşyl sogan

1 topar arugula, dogralan

1.Orta gaba, ýagy, limon suwuny, duz we burç bilen dadyp görüň. Fasuly süzüň we geýimine goşuň. Gowy garmaly. 30 minut goýuň.

eremek. Burç, pomidor we sogan goşup, garmaly. Tagamy dadyp görüň we sazlaň.

3.Arugulany bir tabaga we üstünde salat bilen tertipläň. Derrew hyzmat et.

Fasulye we kelem

Fasulye we Kawolo

6 nahar taýýarlaýar

Makaron ýa-da çorbanyň ýerine, ýa-da gowrulan doňuz ýa-da towuk üçin gap-gaç nahary hökmünde hyzmat ediň.

1-2 dýuým zolaklara kesilen 2 unsiýa pancetta (4 galyň dilim)

2 nahar çemçesi zeýtun ýagy

1 ownuk sogan, dogralan

2 sany sarymsak

¼ çaý çemçesi ýer gyzyl burç

4 käse bölek-bölek kelem

1 käse dogralan täze ýa-da konserwirlenen pomidor

Duz

3 stakan gaýnadylan ýa-da konserwirlenen kanellini noýbasy ýa-da gök gül

1.Uly tabakda pancetta zeýtun ýagynda 5 minut bişirmeli. Sogan, sarymsak we burç goşup, sogan ýumşaýança 10 minut töweregi bişirmeli.

eremek. Tagamyna kelem, pomidor we duz goşuň. Heatylylygy peseldiň we tabagy ýapyň. 20 minut bişirmeli ýa-da kelem ýumşaýança bişirmeli. Fasuly goşup, ýene 5 minut bişirmeli. Gyzgyn berilýär.

Pomidor we adaty sousdaky noýba

Fagioli all'Uccelletto

8 nahar taýýarlaýar

Bu Tuskan noýbasy, adaty we pomidorly oýun guşlary ýaly bişirilýär, şonuň üçin olaryň italýan ady.

1 kg guradylan kanellini ýa-da Beýik Demirgazyk noýbasy, ýuwulýar we guradylýar

Duz

2 sany täze adaçak

3 sany sarymsak

1 1/4 käse zeýtun ýagy

3 sany uly pomidor, gabykly, tohumly we inçe dogralan ýa-da 2 stakan konserwirlenen pomidor

1. Fasuly 2 dýuým ýapmak üçin sowuk suw bilen uly tabaga goýuň. Olary 4 sagat ýa-da bir gije sowatmak üçin holodilnikde goýuň.

eremek. Fasuly döküň we 1 dýuým ýapmak üçin uly gazana sowuk suw guýuň. Suwuklygy gaýnadyň. Noýba ýumşak bolýança ýapyň we bişiriň, 1 1-2-2 sagat. Tagamy üçin duz goşuň we 10 minut goýuň.

3. Uly gazanda, sarymsagy we sarymsagy ýagda orta otda bişirmeli we sarymsagy altyn goňur bolýança sarymsagy çemçeň arkasy bilen tekizläň, takmynan 5 minut. Pomidor goşuň.

Dört. Suwuklygy saklap, noýba guýuň. Sousa noýba goşuň. Fasuliler gurasa, ätiýaçlyk suwuklykdan azajyk goşup, 10 minut bişirmeli. Warmyly ýa-da otag temperaturasynda hyzmat ediň.

nohut gülegi

Sesil Ziminoda

4-6 nahar iýýär

Bu ýürekden taýýarlanan nahar özbaşdak gowy, ýa-da çorba taýýarlamak üçin bişirilen makaron ýa-da tüwi, suw ýa-da ätiýaçlyk goşup bilersiňiz.

1 orta sogan, dogralan

1 sarymsak, inçe kesilen

4 nahar çemçesi zeýtun ýagy

1 kilo smogo ýa-da ysmanak, kesmeli we dogramaly

Duz we täze ýer gara burç

3 1/2 käse gaýnadylan ýa-da konserwirlenen nohut, guradyldy

Artykmaç zeýtun ýagy

1. Orta gazanda, sogan sogan we sarymsak, gyzarýança orta otda, 10 minut. Tagamyna duman we duz goşuň. Gaplaň we 15 minut bişirmeli.

eremek. Nohutlary azajyk bişirýän suwuklyk ýa-da suw, duz we burç bilen dadyp görüň. Gaplaň we ýene 30 minut bişirmeli. Wagtal-wagtal garmaly we nohutlaryň bir bölegini çemçeň arkasy bilen ezmeli. Garyndy gaty gurak bolsa, azajyk suwuklyk goşuň.

3. Hyzmat etmezden ozal salkyn bolsun. Isleseňiz azajyk goşmaça zeýtun ýagy bilen çalyň

Ajy gök önümler bilen noýba

Halaýan we Çikory

4-6 nahar iýýär

Guradylan noýba toprakly we birneme ajy tagamly. Olary satyn alanyňyzda, gabyk görnüşini gözläň. Olar birneme gymmat, ýöne jaňlardan gaça durmaly. Şeýle hem derileri bilen noýba garanyňda has çalt bişirýärler. Guradylan we gabykly noýba etnik bazarlarda we tebigy iýmitlerde ýöriteleşenleri tapyp bilersiňiz.

Bu resept diýen ýaly milli tagam bolan Puglýadan. Radikio, brokkoli rabe, şalgam ýa-da kepderi ýaly ajy ýaşyl görnüşleri ulanyp bolýar. Gök önümler bişirilende bir çümmük gyzyl burç goşmagy halaýaryn, ýöne bu adaty däl.

8 unsiýa gury noýba, gabykly, ýuwulan we guradylan

1 orta gaýnadylan kartoşka, gabykly we 1 dýuým böleklere bölün

Duz

1 kg radicchio ýa-da kepderi gök, dogralan

1 1/4 käse goşmaça bakja zeýtun ýagy

1 sarymsak, inçe kesilen

ýer gyzyl burç tozy

1.Noýba we kartoşkany uly gazana goýuň. 1-2 dýuým ýapmak üçin sowuk suw goşuň. Bir gaýna getiriň we noýba gaty ýumşak bolýança we ähli suw siňýänçä bişiriň.

eremek. Tagamyna duz goşuň. Fasulye çemçe ýa-da kartoşka ýuwujynyň arkasy bilen sürtüň. Oilag goşuň.

3.Bir gaýna suw guýuň. Tagamy üçin gök önümleri we duz goşuň. Gök önümleriň dürlüligine baglylykda ýumşak bolýança 5-10 minut bişirmeli. Gowy suw guýuň.

Dört. Gazany guradyň. Oilag, sarymsak we ýer gyzyl burç goşuň. Sarymsak altyn goňur bolýança, orta otda 2 minut töweregi bişirmeli. Dökülen gök önümleri we duzy dadyp görüň. Gowy garmaly.

5.Püresi hyzmat edýän tabaga ýaýlaň. Gök önümleri üstünde goýuň. Isleseňiz has köp ýag bilen çalyň. Gyzgyn ýa-da ýyly hyzmat ediň.

Täze noýba, rim stili

Fave alla Romana

4 nahar taýýarlaýar

Tohumlaryndaky täze noýba Italiýanyň merkezinde we günortasynda möhüm bahar gök önümidir. Rimliler gabygyny gabmagy we ýaş pekorino bilen bilelikde çig iýmegi halaýarlar. Fasulye nohut we artokok ýaly beýleki bahar gök önümleri bilen hem bişirilýär.

Fasulye gaty ýaş we ýumşak bolsa, her noýbany ýapýan inçe derini gabmak hökman däl. Birini deri bilen, beýlekisiniň näzikdigini anyklamazdan iýip görüň.

Täze noýbanyň tagamy we gurluşy guradylan noýba bilen düýpgöter tapawutlanýar, şonuň üçin birini beýlekisine çalyşmaň. Täze noýba tapyp bilmeseňiz, Italiýanyň we Easternakyn Gündogaryň köp bazarlarynda satylan doňdurylan noýba gözläň. Täze ýa-da doňdurylan lima noýbasy bu tagamda-da gowy işleýär.

1 ownuk sogan, inçe kesilen

4 unsi pancetta, kesilen

2 nahar çemçesi zeýtun ýagy

4 funt täze lima noýbasy, gabykly (takmynan 3 käse)

Duz we täze ýer gara burç

1 1/4 käse suw

1. Orta skilletde, sogan we pancetta zeýtun ýagynda orta otda 10 minut ýa-da gyzarýança bişirmeli.

eremek. Dadyp görmek üçin noýba, duz we burç goşuň. Suw goşuň we ýylylygy azaldyň. Gazanyň gapagyny ýapyň we 5 minut bişirmeli ýa-da noýba ýumşaýança bişirmeli.

3. Gazanyň gapagyny açyň we noýba we pancetta ýeňil gyzarýança 5 minut töweregi bişirmeli. Gyzgyn berilýär.

Täze noýba, Umbrian stili

Skaf

6 nahar taýýarlaýar

Fasulye gabyklary gaty we gysym bolmaly, gysylan ýa-da ýumşak däl, bu olaryň köne bolandygyny görkezýär. Tohum näçe kiçi bolsa, noýba şonça-da ýumşakdyr. 1 stakan gabykly noýba üçin 1 funt täze noýba.

2 1/2 funt täze, gabykly lima noýbasy ýa-da 2 stakan doňdurylan lima noýbasy

1 funt çard, kesilen we 1-2 dýuým zolaklara kesilen

1 dogralan sogan

1 orta käşir, dogralan

Dogralan selderiniň 1 gapyrgasy

1 1/4 käse zeýtun ýagy

1 çaý çemçesi duz

täze ýer gara burç

1 orta bişen pomidor, gabykly, dogramaly we inçe kesilen

1. Orta gazanda pomidordan başga ähli maddalary birleşdiriň. 15 minutlap ýa-da noýba ýumşaýança, wagtal-wagtal garmaly we gaýnadyň. Gök önümler ýapyşyp başlasa azajyk suw goşuň.

eremek. Pomidor goşup, 5 minut bişirmeli. Gyzgyn berilýär.

Oilag we limon bilen brokkoli

Agro Brokoli

6 nahar taýýarlaýar

Bu, Italiýanyň günortasynda bişirilen gök önümleriň köp görnüşine hyzmat etmegiň esasy usulydyr. Olara elmydama otag temperaturasynda hyzmat edilýär.

1 1/2 kilo brokkoli

Duz

1 1/4 käse goşmaça bakja zeýtun ýagy

1-2 nahar çemçesi täze limon suwy

Bezeg üçin limon dilimleri

1. Brokkoly uly güllere bölüň. Baldaklaryň ujuny kesiň. Aýlanýan gök önüm gabygy bilen gaty derileri aýyryň. Galyň sapaklary 1-2 dýuým dilimlere kesiň.

eremek. Bir gaýna suw guýuň. Tagamyna brokkoli we duz goşuň. Brokkoli ýumşak bolýança 5-7 minut bişirmeli. Sowuk suwuň aşagynda süzüň we ýuwaşlyk bilen sowadyň.

3.Brokkoli ýag we limon suwy bilen çalyň. Limon dilimleri bilen bezeliň. Otag otagynda berilýär.

Brokkoli, Parma stili

Broccoli alla Parmigiana

4 nahar taýýarlaýar

Üýtgetmek üçin bu tagamy karam we brokkoli bilen birleşdirip bilersiňiz.

1½ kilo brokkoli

Duz

3 nahar çemçesi duzlanmadyk ýag

täze ýer gara burç

½ käse grated Parmigiano-Reggiano

1. Brokkoly uly güllere bölüň. Baldaklaryň ujuny kesiň. Aýlanýan gök önüm gabygy bilen gaty derileri aýyryň. Galyň sapaklary 1-2 dýuým dilimlere kesiň.

eremek. Bir gaýna suw guýuň. Tagamyna brokkoli we duz goşuň. Brokkoli bölekleýin bişýänçä, takmynan 5 minut bişirmeli. Sowuk suw bilen guradyň we sowadyň.

3.Peçiň ortasyna raf goýuň. Peçini 375 ° F çenli gyzdyryň. Brokkolini saklamak üçin uly panany ýaglaň.

Dört.Süýjüleri taýýarlanan tabakda tertipläň, olary birneme örtüň. Butterag bilen çalyň we burç sepiň. Üstüne peýnir sepiň.

5.10 minut bişiriň ýa-da peýnir eräp, ýeňil gyzarýança bişiriň. Gyzgyn berilýär.

Sarymsak we gyzgyn burç bilen brokkoli rabe

Peperoncino bilen Cime di monkfish

4 nahar taýýarlaýar

Brokkoli rabe dadyp görmek meselesinde bu reseptden has gowy çykmaýar. Bu tagam brokkoli ýa-da karam bilen hem ýasalyp bilner. Käbir wersiýalarynda sarymsakda we ýagda duzlanan käbir ansiýalar bar, ýa-da ýakymly ys üçin bir topar zeýtun goşup görüň. Bu hem makaron goşmak üçin gowy zat.

1 1/2 funt brokkoli rabe

Duz

3 nahar çemçesi zeýtun ýagy

2 sany ownuk sarymsak, inçejik dilimlenen

ýer gyzyl burç tozy

1. Brokkoli rabeini güllere bölüň. Baldagyň düýbüni kesiň. Baldaklary gabamak hökmany. Her gülüň tersine 2 ýa-da 3 bölege bölüň.

eremek. Bir gaýna suw guýuň. Dadyp görmek üçin brokkoli rabe we duz goşuň. Brokkoli ýumşak bolýança, 5 minut töweregi bişirmeli. Zeýrenmek.

3. Gazany guradyň we ýag, sarymsak we gyzyl burç goşuň. Sarymsagy ýeňil gyzarýança, orta otda 2 minut töweregi bişirmeli. Brokkoli we bir çümmük duz goşuň. Gowy garmaly. Tendere çenli ýapyň we bişiriň, ýene 3 minut. Warmyly ýa-da otag temperaturasynda hyzmat ediň.

Brokkoli

Gaýnadylan Brokkoli

4 nahar taýýarlaýar

Bu reseptdäki brokkoli, çeňňek bilen ýuwuljak derejede ýumşak bolýança bişirilýär. Gap-gaç nahary hökmünde hyzmat ediň ýa-da krostini üçin tostlanan italýan çöregine ýaýlaň.

1 1/2 kilo brokkoli

Duz

1 1/4 käse zeýtun ýagy

1 orta sogan, dogralan

1 sarymsak, inçe kesilen

Daşary ýurtdan getirilen italýan prosciuttonynyň 4 inçe bölegi, kesişip inçe zolaklara kesilýär

1. Brokkoly uly güllere bölüň. Baldaklaryň ujuny kesiň. Aýlanýan gök önüm gabygy bilen gaty derileri aýyryň. Galyň sapaklary 1-2 dýuým dilimlere kesiň.

eremek. Bir gaýna suw guýuň. Tagamyna brokkoli we duz goşuň. Brokkoli bölekleýin bişýänçä, takmynan 5 minut bişirmeli. Sowuk suw bilen guradyň we sowadyň.

3.Gazany guradyň we ýag, sogan we sarymsak goşuň. Orta otda altyn goňur bolýança 10 minut töweregi bişirmeli. Brokkoli goşuň. Heatylylygy örtüň we peseldiň. Brokkoli ýumşak bolýança, takmynan 15 minut bişirmeli.

Dört. Brokkolini kartoşka ýuwujy ýa-da wilka bilen sürtüň. Prosciutto goşuň. Duz we burç bilen dadyp görmek möwsümi. Gyzgyn berilýär.

Brokkoli Rabe çörek dişleri

Morsi Cime di Rape bilen

4 nahar taýýarlaýar

Çorba makaron ýa-da tüwi bilen ýasalan galyň çorba ýa-da çörek kubiklerini öz içine alýan Puglia ýaly ýürekli gök önüm bolup biler. Öý hojalykçy aýaly galan çörek we köp agzy bilen oýlap tapan bolsa-da, işdäaçar ýa-da gapyrga ýa-da doňuz eti üçin gapgaç tagamy ýaly tagamly.

1½ funt brokkoli rabe

3 sany sarymsak, inçejik dilimlenen

ýer gyzyl burç tozy

¹Cup3 käse zeýtun ýagy

4-6 dilim (galyňlygy 1-2 dýuým) italýan ýa-da fransuz çöregi, ownuk böleklere bölünýär

1. Brokkoli rabeini güllere bölüň. Baldagyň düýbüni kesiň. Baldaklary gabamak hökmany. Her gülüň üstünden 1 dýuým böleklere bölüň.

eremek. Bir gaýna suw guýuň. Dadyp görmek üçin brokkoli rabe we duz goşuň. Brokkoli ýumşak bolýança, 5 minut töweregi bişirmeli. Zeýrenmek.

3. Uly tabakda sarymsagy we gyzyl burçuny ýagda 1 minut bişirmeli. Çörek kubiklerini goşuň we çörek ýeňil tostlanýança, takmynan 3 minut bişirmeli.

Dört. Brokkoli rabe we bir çümmük duz goşuň. Anotherene 5 minut bişirmeli. Gyzgyn berilýär.

Doňuz we pomidor bilen brokkoli rabe

Rape al Pomodori

4 nahar taýýarlaýar

Bu reseptde pancetta, sogan, pomidoryň etli tagamlary brokkoli rabiniň goýy tagamyny dolduryar. Bu, käbir turbalar gyzgyn makaron bilen garylan naharlaryň ýene biri.

1½ funt brokkoli rabe

Duz

2 nahar çemçesi zeýtun ýagy

2 sany galyň dilim, dogralan

1 orta sogan, dogralan

ýer gyzyl burç tozy

1 käse konserwirlenen pomidor, dogralan

2 nahar çemçesi gury ak şerap ýa-da suw

1.Brokkoli rabeini güllere bölüň. Baldagyň düýbüni kesiň. Baldaklary gabamak hökmany. Her gülüň üstünden 1 dýuým böleklere bölüň.

eremek. Bir gaýna suw guýuň. Dadyp görmek üçin brokkoli rabe we duz goşuň. Brokkoli ýumşak bolýança, 5 minut töweregi bişirmeli. Zeýrenmek.

3.Oilagy uly tabaga guýuň. Pancetta, sogan, gyzyl burç goşup, sogan, aç-açan bolýança 5 minut töweregi orta otda bişirmeli. Pomidor, şerap we bir çümmük duz goşuň. Anotherene 10 minut bişirmeli ýa-da galyň bolýança bişirmeli.

Dört. Brokkoli rabe goşuň we gyzýança 2 minut töweregi bişirmeli. Gyzgyn berilýär.

Ownuk gök önüm tortlary

Frittelle di Erbe di Kampo

8 nahar taýýarlaýar

Sisiliýada bu kiçijik gök önüm krepkalary ajy ýabany gök önümler bilen ýasalýar. Brokkoli rabe, gorçisa gök önümleri, borage ýa-da radicchio ulanyp bilersiňiz. Bu kiçijik tortlar, adatça, Pasha baýramynda işdäaçar ýa-da gapdal nahary hökmünde iýilýär. Olar ýyly ýa-da otag temperaturasynda.

1 1/2 funt brokkoli rabe

Duz

4 sany uly ýumurtga

2 nahar çemçesi grated caciocavallo ýa-da Pecorino Romano

Duz we täze ýer gara burç

2 nahar çemçesi zeýtun ýagy

1. Brokkoli rabeini güllere bölüň. Baldagyň düýbüni kesiň. Baldaklary gabamak hökmany. Her gülüň üstünden 1 dýuým böleklere bölüň.

eremek. Bir gaýna suw guýuň. Dadyp görmek üçin brokkoli rabe we duz goşuň. Brokkoli ýumşak bolýança, 5 minut töweregi bişirmeli. Zeýrenmek. Biraz sowadyň, soň bolsa suwy gysyň. Brokkoli rabe kesiň.

3. Uly tabakda ýumurtga, peýnir we duz we burç dadyp görüň. Gök önümleri goşuň.

Dört. Oilagy uly gazanda orta otda gyzdyryň. Garyndynyň çuň çemçesini çykaryp, gazana atyň. Garyndyny çemçe bilen ownuk krepkada tekizläň. Galan garyndy bilen gaýtalaň. Kukileriň bir tarapyny aç-açan gyzarýança, 2 minut töweregi gowurmaly, soňra spatula bilen süpüriň we beýleki tarapyny aç-açan gyzarýança bişirmeli. Warmyly ýa-da otag temperaturasynda hyzmat ediň.

gowrulan karam

Kelem gülleri

4 nahar taýýarlaýar

Adatça bu köptaraply gök önümi halamaýan adama taýýarlanan karam bilen hyzmat edip görüň we hökman öwürjekdigiňize ynanýarsyňyz. Çişirilen peýnir örtügi näzik karam bilen ajaýyp kontrast berýär. Bular partiýa işdäaçary hökmünde geçirilip bilner ýa-da panjara çorbasyna gap-gaç nahary bolup biler. Iň oňat yzygiderlilik üçin nahar bişirilenden soň derrew hyzmat ediň.

1 ownuk karam (takmynan 1 kilogram)

Duz

1 stakan gury çörek

3 sany uly ýumurtga

1Cup2 käse grated Parmigiano-Reggiano

täze ýer gara burç

Ösümlik ýagy

Limon dilimleri

1. Kelemini 2 dýuým güllere kesiň. Baldaklaryň ujuny kesiň. Galyň sapaklary 1-2 dýuým dilimlere kesiň.

eremek. Bir gaýna suw guýuň. Tagamy üçin karam we duz goşuň. Kelem 5 minut töweregi ýumşaýança bişirmeli. Sowuk suw bilen guradyň we sowadyň.

3. Çörek böleklerini ýalpak gaba goýuň. Ownuk tabakda ýumurtga, peýnir we duz we burç dadyp görüň. Kelem böleklerini ýumurtga batyryň, soňra çörek böleklerine oklaň. 15 minutlap simiň üstünde guratmak üçin goýuň.

Dört. 1-2 dýuým çuňluga çenli uly, çuňňur skelete ýag guýuň. Gazanyň içindäki ýumurtga garyndysynyň bir bölegi ulalýança we çalt gaýnýança orta otda gyzdyryň. Bu aralykda, kagyz polotensasy bilen çörek bişirilýän kagyzy çyzyň.

5. Tagamda ýeterlik derejede karam böleklerini el degirmän rahat bolar ýaly goýuň. Bölekleri, altyn we çişik bolýança, 6 minut töweregi gowurmaly. Kebelegi aşhana kagyzyna guýuň. Galan karam bilen gaýtalaň.

6. Kebelegi limon pürsleri bilen ýyly hyzmat ediň.

Kelem püresi

Cavolfiore purée

4 nahar taýýarlaýar

Adaty püresi kartoşka meňzeş bolsa-da, bu karam püresi kartoşkasy has ýeňil we tagamly. Kartoşkanyň püresi bilen ajaýyp üýtgeşiklik, hatda ýürekden bişirilen nahar bilen hem hödürlenip bilner.Düwürtikli aýak.

1 ownuk karam (takmynan 1 kilogram)

3 sany orta gaýnadylan kartoşka, gabykly we gabykly

Duz

1 nahar çemçesi duzlanmadyk ýag

2 nahar çemçesi Parmigiano-Reggiano

täze ýer gara burç

1. Kelemini 2 dýuým güllere kesiň. Baldaklaryň ujuny kesiň. Galyň sapaklary 1-2 dýuým dilimlere kesiň.

eremek. Vegetableshli gök önümleri saklamak üçin uly gazanda kartoşkany 3 litr sowuk suw we tagam üçin duz bilen birleşdiriň. Bir gaýna getirmeli we 5 minut gaýnatmaly.

3.Kelem goşup, gök önümler gaty ýumşaýança, takmynan 10 minut bişirmeli. Kelem we kartoşkany süzüň. Elektrik ýa-da el garyjy bilen tekiz bolýança garmaly. Olary gaty urmaň, ýogsa kartoşka ýapyşar.

Dört. Tagamyna ýag, peýnir, duz we burç goşuň. Gyzgyn berilýär.

gowrulan karam

Cavolfiore al Forno

4-6 nahar iýýär

Kelem, gowrulanda ýumşakdan lezzetli bolýar. Üýtgetmek üçin, bişirilen karam biraz balzam sirkesi bilen zyňyň.

1 orta karam (takmynan 1 1/2 funt)

1 1/4 käse zeýtun ýagy

Duz we täze ýer gara burç

1. Kelemini 2 dýuým güllere kesiň. Baldaklaryň ujuny kesiň. Galyň sapaklary 1-2 dýuým dilimlere kesiň.

eremek. Peçiň ortasyna raf goýuň. Peçini 350 ° F-a çenli gyzdyryň. Oilag we gowy çümmük duz we burç bilen garmaly.

3. Kämahal 45 minutlap ýa-da karam ýumşak we ýeňil bolýança gowurmaly. Gyzgyn berilýär.

gark bolan karam

Cavolfiore Stufato

4-6 nahar iýýär

Käbir adamlar karam ýumşak diýýärler, ýöne onuň ýumşak tagamy we kremli gurluşy ýakymly maddalar üçin iň oňat fon diýýärin.

1 orta karam (takmynan 1 1/2 funt)

3 nahar çemçesi zeýtun ýagy

1 1/4 käse suw

2 sany sarymsak, inçejik dilimlenen

Duz

[1]Gaeta ýaly 1/2 käse ýumşak gara zeýtun, dogralan we dilimlenen

4 sany ansiýa, dogralan (islege görä)

2 nahar çemçesi dogralan täze petruşka

1. Kelemini 2 dýuým güllere kesiň. Baldaklaryň ujuny kesiň. Galyň sapaklary 1-2 dýuým dilimlere kesiň.

eremek. Panagy uly tabaga guýuň we karam goşuň. Kelem goňur bolup başlaýança orta otda bişirmeli. Suw, sarymsak we bir çümmük duz goşuň. Kebelek pyçak bilen deşilip, suw bugarýança, takmynan 10 minut ýapyň we gaýnadyň.

3. Zeýtun, ansi we petruşka goşup, gowy garmaly. wagtal-wagtal garyşdyryp, ýene 2 minut bişirmeli. Gyzgyn berilýär.

Petruşka we sogan bilen karam

Trifolate karam

4-6 nahar iýýär

Gazanda sogan, sarymsak we petruşka bu karam üçin tagam goşýar.

1 orta karam (takmynan 1 1/2 funt)

2 nahar çemçesi zeýtun ýagy

1 orta sogan, ince kesilen

2 sany sarymsak, ince kesilen

2 nahar çemçesi suw

1 1/4 käse dogralan täze petruşka

Duz we täze ýer gara burç

1. Kelemini 2 dýuým güllere kesiň. Baldaklaryň ujuny kesiň. Aýlanýan gök önüm gabygy bilen gaty derileri aýyryň. Galyň sapaklary 1-2 dýuým dilimlere kesiň.

eremek. Uly tabakda sogan we sarymsagy zeýtun ýagyna salyp, 5 minut gowurmaly, wagtal-wagtal garmaly.

3. Tagamy üçin karam, suw, petruşka we duz we burç goşuň. Gowy garmaly. Gazanyň gapagyny ýapyň we ýene 15 minut bişirmeli ýa-da karam ýumşaýança bişirmeli. Gyzgyn berilýär.